抓 狂 两 三 岁

陈妃燕　著

Everyday Conflicts:
Promoting Social-Emotional Development in Young Children

作家出版社

作者与女儿 Kiki

目录

前言
拥抱冲突，一起跳舞

"这孩子怎么突然变得这么难带？一两岁的时候挺好的。"

类似的苦恼，常在两三岁孩子的家长那儿听到。似乎孩子长到两三岁，亲子冲突就多了。他们不再像小时候那般顺从，而是开始有自己的想法，拒绝成人让做的事情，提出貌似无理的要求，还出现不可理喻的行为。哭闹成了家常便饭。两三岁，被誉为"令人抓狂的年龄"，如何应对这一时期，成为众多家庭的难题。

我亲眼目睹诸多家长，陷于亲子冲突的水深火热之中不知何去何从；我也曾亲身经历了女儿 Kiki 的这个特殊时期。作为一名幼儿教育专业工作者，虽然我在这个领域深耕二十多年，从中国到澳大利亚再到美国，把国内外的幼儿教育亲身体验和研究了一番，对于教养孩子这件事信心满满，但当我自己有了孩子，却发现之前的想法太天真——一个两三岁，就让人抓狂。我不止一次地感叹：世上最难事，便是做妈妈。

它难，是因为人类似乎天生不喜欢冲突，尤其是跟我们知之甚少但却十分在乎的孩子之间的冲突。在亲子冲突中，我会担心自己对孩子的回应方式，是否会影响她的心理健康以及社会情感和性格的发展。冲突，并不是解决它这么简单，能否将它变成促进孩子健康幸福成长，特别是社会情感和性格发展的契机，才是重点。而人生早期，是奠定这些生命质量和软能力的关键时刻。

它难，是因为在亲子冲突中的我们，是一个个活生生的人，而不是机器。在这个二十四小时都上班的家长角色中，我们的身体会累，我们带着情绪，带着自己的个性，还可能带着自己儿时留下的无意识的心理创伤——借用埃克哈特·托利（Eckhart Tolle）所说的，我们带着自己"痛苦的身体"——我们一边要面对自己，一边要面对与成人思维和行为方式迥异的孩子。而这样的面对，很多时候是孤立无援的。我们就这么毫无准备地、赤裸裸地上阵。有一天终于失控了，对孩子大吼，更有甚者，大打出手。吼完打完，冷静下来，开始后悔自责。

然而，这么难的事，居然不需要上岗证或职前培训，海内外皆如此。

我写本书的目的，一是分享自己的经验，并结合理论和相关的科研成果，包括我自己的研究，与大家一起了解：

- 两三岁儿童令人抓狂的心理原因；
- 我们如何回应冲突，并调节孩子和自己的情绪；
- 如何将亲子冲突转化为教育契机，促进孩子社会情感和性格的发展，即，在日常亲子冲突中发展终身受益的品质。

二是为建立美好的亲子关系提供支持。亲子关系是育儿的核心。由于冲突往往伴随着负面情绪，处理好冲突和情绪，便会增进亲子关系的亲密度。书中的应对策略，不是用来操控孩子的工具，而是用来帮助家长在冲突中与孩子更好地相处。是相处，是去感受孩子，不是管教和对付。因为，养育子女并非靠技巧和管教，而应是长期爱的灌注。

三是希望家长和社会各界人士，对零至三岁儿童和亲子互动有更多的了解。在理解的基础上，能更加重视零至三岁的日常亲子互动，让过去不经意的一言一行，变得更加有意识和有意义；并能积极地拥抱冲突，发自内心地尊重儿童，不因为他们小、不懂事而将他们物化。同时，给新手妈妈们提供更多的关爱、理解和支持。让养育孩子这件艰难而重要的工作，不再是妈妈一个人的任务。在此特别感谢互相支持的父母们、爷爷奶奶、外公外婆和所有其他的支持者们！

除了以上三点，本书的核心价值观，是坚信我们一起努力，能"奠定孩子一生的幸福，并让它代代传承"。奠定孩子一生的幸福，始于日常亲子互动中每一个不经意的细节！关注和优化这些细节，从不起眼的日常亲子冲突做起。

本书的案例来源于真实生活。有些来自我的"0—3岁"科研项目，有些是我和女儿Kiki的日常互动。其中提到的人名，除了Kiki外都是化名，以尊重参与者的隐私。书中用到的"家长"一词，包括所有在家养育孩子的父母、爷爷奶奶、外公外婆和其他非教育机构的主要养育者。书里的很多实操方法，适用于其他年龄段的儿童。书中插图是Kiki的照片和画。

孔子说"有教无类"，每个孩子都很独特，没有一种教育方法适用于所有儿童。所以，家长在借鉴书中的方法时，要根据自己孩子的特点有所选择地进行尝试。在尝试中，也可以举一反三创意地生成类似的适合自己孩子的方法，享受反思和创造的乐趣。同时在这样的正面实践中，培养自己成为反思型家长。幼儿园教师可以利用本书作为家园互动的助手，为家长提供亲子互动的建议，同时了解儿童特点及其在家庭里的情况，促进教师对儿童的整体理解，发展对儿童的整体观，间接提高在园工作质量。

如果说具体的方法是"鱼"，我希望读者能在此基础上，同时收获"渔"，即，教育理念、思维方式，并发展自己对教育的独立思考和判断能力而不随波逐流或束手无策（不会在众多的育儿书籍和各抒己见的教育专家面前，出现不知到底听谁的现象），具有拥抱冲突挑战一起跳舞的积极状态！成为这样的家长或教师，其存在的本身，便是为孩子的教育发展提供了最好的角色示范。

冲突和挑战是人类发展的契机，让我们拥抱它们，一起跳舞。

陈妃燕

2021 年秋

于加利福尼亚家中

第一章

两三岁，
冲突遍如繁星

第 1 节　亲子冲突高发，是谁的错？

翻开厚厚的《宝宝日记》，发现在 Kiki 两到三岁那年，我居然记录了很多带有哭闹等负面情绪的日常亲子冲突。有时候一天中连续发生四五个冲突，多么令人抓狂。有研究发现，每三到九分钟，就会发生一次亲子冲突；平均每小时会发生三点五到十五次亲子冲突。难怪有"可怕的两岁"之说。儿童发展的研究文献也指出了两到三岁是亲子冲突的高发期，而且它可能会一直延续到四岁以后。

虽然不是所有的孩子在这一年都会有数不清的冲突，延续的年头各有长短，冲突发生的概率也会不一样，但是，纵观人生早期，两三岁时的冲突相对会多一些。这么多的亲子冲突，到底是谁的错？

先别急着损自己或抱怨他人，冲突的多少跟很多因素有关。有孩子自身的原因，包括气质类型、性别差异和神经调节等因素。我们熟知的"一母生九子，九子各不同"，有的好动、脾气暴躁易怒、闹起来让家长束手无策，有的却文静温和。孩子的好动、冲动、易怒等气质类型，会导致更多的亲子冲突。还有我们经常会听到"男孩一般比女孩难带"的民间说法。有研究显示，大部分男孩的性格似乎比女孩更活跃，更有可能引起冲突，并导致父母有更多的挫折感。而两三岁的亲子冲突，还跟这个年龄孩子心理发展的特点有关，我会在第二章和第三章展开。

除了孩子的原因外，还有家长和家庭的因素。黄等人的研究发现，高发的亲子冲突，与家庭经济状况、父母的育儿知识、家庭结构、家长年龄，以及家长和孩子在冲突中的低建设性回应和高破坏性回应有关。

建设性（或叫支持型）的冲突回应指的是有协商、调整和解决问题等积极方式的回应。莱布尔等人的研究发现，安全型的亲子依恋关系跟建设性回应有关。如果家长在冲突中对孩子的回应是建设性的，那么孩子会更好商量，更容易去遵守要求而不会变得很有破坏性。而破坏性回应是恶化冲突情况的回应，包括使用威胁、戏弄或简单的坚持而没有说明澄清。就像有些家长面对孩子的"为什么要这么做"的疑问时，会霸道地说"因为我告诉你这么做"。如果破坏性回应是一种常态，便意味着有可能形成糟糕的亲子关系，不利于孩子发展。

上面这些影响冲突的因素中，虽然有不可控因素，但家长自身的回应是可以改变的。由于孩子在人生早期的冲突经历对他一生的发展有深重的影响，所以成人如何回应亲子冲突，就变得十分重要。这些回应包括在亲子冲突发生之前、之时和之后如何与孩子进行相关的互动。这也是本书的重点。

至于两三岁亲子冲突高发的处理，关键不在于弄清楚谁对谁错，而是了解我们可以怎么做，从而能让冲突变得更有价值和意义。所谓的价值和意义，不是把孩子"对付"得服服帖帖，就像网上那些"教你几招，对付熊孩子"，而是，是否因为经历了冲突，家长们：

- 能更好地回应亲子冲突；
- 能更积极地拥抱亲子冲突；

- 能更理解孩子和自己；

- 和孩子的关系质量更高；

- 和孩子更能有效地沟通；

- 和孩子更能理解情绪；

- 和孩子更好地表达和调节负面情绪；

- 让孩子能多一次发展终身受益的品质的机会。

第2节 冲突，被忽略的"起跑线"

很多家长因为怕孩子输在起跑线上而砸钱在各种早教班，或给孩子买教具玩具，用心良苦。这种做法无可厚非，投资在早教，的确是明智之举。为人熟知的诺贝尔经济学奖得主赫克曼的教育投资回报率和儿童年龄关系的曲线显示，三岁前教育投资的回报率最高。换句话说，三岁前的孩子最容易受环境的影响，可塑性极强。哈佛大学儿童发展中心主任肖恩科夫的脑科学研究也充分证明了这一点。

然而，在重视早教班时，人们似乎容易忽视另一条关键的"起跑线"，即平凡生活中一个个琐碎的亲子互动对儿童发展的意义，特别是亲子冲突中的互动。孩子早期的亲子冲突经历，会影响他们未来的社会关系，以及沟通与合作等社会情感能力的发展。在哈佛大学教育专家托尼·瓦格纳提出的二十一世纪的学生应具备的七大生存技能中，以及美国名校最看重的八大能力评估系统之中，都包含了沟通与合作等社会情感能力。

冲突，小时候有，长大了有，老了还有，是人一生中无法回避的课题。

家长如何处理与孩子的早期亲子冲突，会影响他们今后处理人际冲突的能力，即社会性的发展。社会化理论告诉我们，孩子处理冲突的能力，是从参与亲子冲突和观察父母冲突中发展的。我们的冲突回应，关系到冲突的频度和质量，也会直接影响孩子除社会能力之外的其他各种发展。想得更远一点，孩子早期的冲突体验，有可能关系到未来婚姻的幸福，和他未来的亲子关系。因此，应对冲突的经历具有任何早教班和高端的教具玩具无法取代的价值。

两三岁的亲子冲突，乃至整个儿童早期的亲子冲突，是家庭教育的"起跑线"，即，起始重点。如果我们想把世界上最好的东西给孩子，无需想方设法为他们摘星辰，只需从用心对待日常的亲子冲突开始！

第3节　冲突的本质

我把 Kiki 两三岁那年的亲子冲突，整理出大概十种比较常见的类型（见下图），包括她要不停地看动画片，吃东西前不肯洗手，不肯洗澡，不要收玩具，早上起床或冬天不肯穿衣服，不要吃饭，在外面玩得不想回家，不肯睡觉，以及在我很忙或很饿很累的时候要我陪玩，等等。还有一些冲突，因为不是很普遍，没有包括在这里，但是会以案例的形式，出现在后面的章节中。

如果将这些日常亲子冲突比作一个洋葱，再把它一层层剥下去，便会发现，其本质是孩子的需求与成人的需求或要求之间的矛盾，即"两者"的矛盾。所以，当我们在孩子两三岁时，面对日渐增多的亲子冲突而抱怨"孩子难带"或者"可怕的两岁"时，其实有失偏颇。这些表达，传达给我们的信息是"都是孩子的问题"。但实际上，冲突是两者的矛盾，仅是孩子有问题，成不了太多冲突。当我们面对冲突，动不动就想着去改变孩子时，其实要改变的是我们自己。

改变什么？

● 改变对孩子的理解。孩子在成长过程中，总是在变，去理解这些变化和新的需求（参见第二和三章）；

● 调节对孩子的回应方式（参见第四到八章），孩子变了，我们也得跟着变，"与他俱进"，避免用同一种方式互动到底；

● 调节自己的情绪状态（参见第九章）；

● 改变对冲突的理解，让它有利于孩子的发展（参见第十章）。

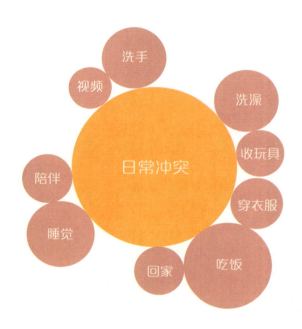

第 4 节　两大类矛盾冲突

　　我把上节提到的各种亲子冲突，从需求和要求的角度，分为两大类，包括"孩子想，我不想"和"孩子不想，我想"。

孩子想，我不想

你经历过类似下面的场景吗？

你下班回家，累瘫在沙发上，需要休息而不想说一句话；
孩子要让你给她读绘本。

你饿了，刚坐下吃饭；
孩子过来拉你去陪玩。

冬天户外太冷，你不想出去；
孩子要拽着你出门，谁陪都不行。

你不想陪玩了，要上洗手间；
孩子不肯，哭闹着不让你去。

你身体不适，没力气；
孩子过来让你抱，其他人谁抱都不行。

这些例子是孩子想要与成人不想做之间的矛盾冲突。面对孩子的这些行为，有些人可能会想："这孩子怎么这么不懂得体贴父母？"然后尝试着教育孩子，要懂得体贴父母。结果往往是白费力气，孩子不吃这一套。还有些人抱怨："这孩子怎么这么不讲道理？"于是跟他讲了半天应该怎么做的道理，可发现孩子根本没听进去，就连让爸爸读绘本都不肯，死磕妈妈。其实，要求孩子体贴他人和讲道理，都不符合两三岁孩子的心理发展特点，他们大多也尚未发展出"体贴"这种社会情感。他们随心所动，我们所谓的讲道理，一般都是"应该"怎么样；成人的逻辑，对孩子来讲，很难理解。

还有些类似的例子，比如孩子想在墙上涂鸦，因为成人不喜欢把墙弄得乱七八糟，就不让孩子画。有些家庭禁止孩子在家里画水彩或水粉画等玩色活动，因为不喜欢他们把家里弄得脏兮兮，而且画后清理很麻烦。在这些冲突中，成人的回应受到自身利益的影响。有些家长不去真实地表达原因，而会寻找各种理由劝阻孩子，无意中进一步激化了矛盾。

此外，由于家长不想让孩子做他们想做但对他们不利的事，即"不应该"做的事，也会造成"孩子想，我不想"的冲突。比方说孩子喜欢看视频和吃甜食，可是成人会觉得这些活动对他们不好，就不想让他们过多地进行，因而引发冲突。

孩子不想，我想

孩子会不想做很多家长想让他们做的事，比如吃饭、睡觉、洗手、洗澡、收玩具等。还有孩子吃饭没坐相，扭来扭去或跑来跑去不好好吃，而家长要让孩子坐着吃。家长想让孩子按照自己的想法去做，于是引发矛盾冲突。

这些家长要求，很多时候以道德教育的形式出现。父母似乎有意无意地抓住各种机会，对孩子进行道德教育。常见的例子有要求两三岁的孩子见了人要打招呼、要懂礼貌尊敬长辈，还要学会谦让。如果几户家庭带着孩子一起玩，某个孩子不愿意跟同伴分享自己的玩具，特别是如果这个孩子是主人，他就被认为有责任和义务与客人分享玩具。或者两个孩子争抢玩具，家长会用各种劝导，试图要求孩子谦让，而没有用先得先玩的规则处理问题。

我们家旁边有个小公园，Kiki 去荡秋千时，如果有其他小朋友来玩，我会提醒她："这位小朋友好像也想玩秋千，你玩够了吗？"如果她说还没有，我就随她去，不会要求她马上让出秋千。过会儿我再跟她协商："再玩两分钟怎么样？"这样就不会让别人等太久，也会慢慢影响她去看见别人的需求。

谦让固然是一种美德，但这只是父母脑子里的"应该"，并不是两三岁

我不想吃饭、睡觉、洗手。

我不要打招呼。

我不要好好坐着吃。

你应该好好吃饭、睡觉、洗手。

快叫叔叔阿姨。

吃饭应该坐好，不要玩，不要走。

孩子　　　　　　　　**家长**

孩子的需求，他们也没法理解。道德式说教，并不会有什么帮助，却会制造不必要的冲突。

"孩子不想，我想"的这类冲突中，也包括家长的要求超出了孩子的能力范围，即家长对孩子的要求太高了。比较常见的例子是，成人刚对孩子提出要求，就希望他马上做到。更有甚者，没有事先告诉孩子要求，就默认他已经知道了，并期待他能做到。

记得我明知故犯的一个例子就是，当 Kiki 用"恩知恩知"的哭腔而不用语言表达她的需求时，我有时候会觉得烦而责怪她不用语言表达。一责怪，她的情绪就会变糟。这个要求本身没有错，但我为什么会"责怪"呢？难道不是因为我急于求成，要求孩子马上做到吗？而事实是，两三岁的孩子因为语言发展水平和认知能力尚未发展完善，他们无法用语言清楚地表达自己的需求，更何况从一出生开始，哭就是他们的重要沟通方式，一两年下来早已形成习惯，这就需要我们耐心地帮助他们习得新的表达习惯。这种时候，要求太高，容易起冲突。

这类"孩子不想，我想"的冲突，还包括成人在不合适的时间打扰孩子，孩子没顺从成人而导致矛盾。这种情况很常见。比如在笑笑家，他正在客厅一角认真地看书。妈妈做好了午饭，在厨房喊："笑笑，吃饭了。"叫了一声没反应，于是就叫第二声，还没反应，妈妈就火冒三丈，冲过去就是一顿骂："妈妈叫你怎么没反应！"类似的事情发生多了，孩子可能就被贴上"不听话"的标签。殊不知，是家长自己无理打扰了孩子，不先看看孩子在忙什么，只因自己需要，就去打断孩子，因此而引发冲突。

网上有很多文章和课程为应对这类亲子冲突提供了方法。有一类会建议家长尊重孩子的选择，随他们去，不用管；还有一类会推出一系列的"法宝"，帮助家长"对付"孩子，解决冲突。这两类，都有各自的道理，我并不推崇任何一类。因为我在自己的实践中发现，很多时候，解决之道并不是非左即右那么简单，而要很好地把握"度"的问题（详见第五章），比如，哪些冲突应该不干预，顺着孩子？哪些冲突应该干预，在多大程度上干预？什么时候干预？怎么干预？而很多情况下，也不乏面对左右都不是的两难选择。

要做到有效地应对亲子冲突，得从理解孩子和冲突开始。其关键点之一，是要明白冲突为什么会发生。除了本章提到过的原因外，很多冲突的发生和激化，跟家长不了解两三岁儿童的特殊心理特征有关。包括我自己，平时的亲子冲突中，虽然谙熟孩子的心理特点，但有时在当下来不及反应，或者因为大脑被当时的情境和情绪淹没，没能很快意识到孩子的心理特征，从而没有真正理解冲突，也便无法做出合适的回应。

本节提出了"孩子想，我不想"和"孩子不想，我想"两种类型的冲突表现，接下来的第二章和第三章，我将进一步探究冲突产生的深层次原因。您将了解到两三岁孩子的七大危机特征和其不同于婴儿期的新的心理需求。

Chapter 2

第二章

令人抓狂的七大危机特征

第 1 节　七大危机特征

　　吃完晚饭，帅帅揉揉眼睛，跟爸爸妈妈说："去洗澡。"到了浴室，爸爸把洗澡水放好了，妈妈去帮她脱衣服："来，脱衣服洗澡了。"帅帅突然大叫"不要不要"，开始大哭，并拒绝洗澡。妈妈顺口说："你刚才不是自己说要洗澡的吗，怎么又突然不洗了？"妈妈跟爸爸抱怨："又没人招她惹她，怎么突然就变卦，真是莫名其妙！"

　　还有一天晚上，妈妈从爸爸手里接过昏昏欲睡的帅帅，说："妈妈带你去楼上睡觉。"帅帅马上说："不要，不要。"皱着眉头反抗。"好，不睡。"妈妈顺着她说，然后在客厅里坐下来，帅帅没一会儿就睡着了。

　　妈妈说这样的例子屡见不鲜，这孩子现在老跟家长对着干。只要家长让她干什么，她就马上说"不要"，即便很多时候她其实想要做那件事。当她说"不要"时，妈妈如果坚持，她就会不停地拒绝，然后大发脾气，又哭又闹令人抓狂！

　　两三岁的孩子为什么令人抓狂？或者说，为什么两三岁会是冲突高发期呢？

　　原因之一，就是两三岁孩子具有特有的七大危机特征。这个年龄段被人称为"固执阶段"，孩子的性格发生令人意外的突变，成为人们眼中的"问题"儿童。有些孩子在一岁半左右就进入这个阶段，长的会延续到三四岁以后。苏联非古典心理学之父及发展心理学家维果斯基，把这个阶段称为"三岁危机"，或"第三年危机"（危机指的是发展的转折点）。他根据儿童心理发展的特点，给十八周岁前的儿童发展阶段，定义了六个危机期，即，新生儿危机、一岁危机、三岁危机、七岁危机、十三岁危机和十七岁危机。这些危机期比较短暂，是发展的过渡阶段，随着孩子的成长，它们的特点会消失或让位于新的性格特征而进入从属地位。

　　三岁危机是儿童的第三个危机期。在这整个时期，孩子们会经常经历内部和外部冲突，呈现出七大特征，包括违拗（negativism）、固执（stubbornness）、顽固（obstinacy）、任性（self-will）、反叛（protest-rebellion）、贬低（devaluation）和专制/妒忌（despotism/jealousy）。维果斯基在一百多年前指出的这些特征，在我们现在的孩子身上，也是屡见不鲜。了解这些危机期的特征，可以帮助我们理解两三岁孩子为什么令人抓狂。这是处理日常亲子冲突的第一步。

　　本章接下来的几节，具体介绍这七大危机特征，并用我养育女儿 Kiki 的真实经历，以及参与我的零到三岁儿童发展研究的家庭案例，呈现出这些特征在日常生活中的样子。

第 2 节　违拗："你说了我就不听"

本章一开始的案例中，帅帅为什么突然变卦不洗澡了？真的是像妈妈说的那样，自己没招惹她？

其实，两三岁的孩子并非不可理喻，只是我们缺少对他们的了解。这位妈妈招惹了孩子却不知道。帅帅虽然是自己要求洗澡，可是因为妈妈说了一句"脱衣服洗澡了"，她就马上变卦了。就是妈妈说的这句话，诱发了帅帅的对抗行为。她对抗的其实不是洗澡这件事，而是妈妈这个叫她去洗澡的人，她进入了"你要我洗，我就不洗"的心理状态。

这种不做别人要求他做的事，就是第一大危机特征"违拗"的行为表现。孩子对抗的原因对人不对事。也就是说，他不做某件事，只是因为成人让他做，而不是不喜欢事情的本身。有时候即便想做某件事，只要是被人要求去做，孩子就可能会拒绝，即"你说了我就不听"的状态。

上文中帅帅睡觉的例子，发生在妈妈了解了违拗特点之后。妈妈虽然还是下意识地不小心说了让她去睡觉，可当帅帅一拒绝，妈妈马上反应过来，接着就顺着她不睡觉，避免了一场没必要的大哭大闹。

有些违拗比较严重的孩子，即便你没有要求他做什么，只要你用权威式的口气跟他说话，便可能很快招来对抗。举个例子，有一次帅帅大哭大闹后要喝水，妈妈因为她的哭闹而精疲力竭，带有情绪，就用有点凶巴巴且命令的口气告诉帅帅："水在那儿！"帅帅马上开始大哭，边哭边叫着："不要。"她不要水，原因之一可能是妈妈说话的口气激活了她违拗的特征，而并非她不想喝水。

有些家长会抱怨："这孩子怎么这么不听话！"或者跟孩子说："你要听爸爸妈妈的话。"这个"不听话"和"不顺从"，一般是因为第一章提到过的"孩子想，我不想"和"孩子不想，我想"的矛盾造成的，即，跟喜好有关。而违拗跟喜好无关。当孩子因为想玩汽车而不想睡觉，从而拒绝你让他睡觉时，这不是违拗。如果孩子偷吃了巧克力，这是因为喜欢而违背大人的要求，也不是违拗。

面对违拗，尽量不要直接要求孩子做什么，更要避免对他说话的口气或态度不好。

第3节　固执："我说了算"

　　乐乐平时并不喜欢芭比娃娃，可是去商场看到了，却一定要买。妈妈说："上次妈妈给你买了一个芭比娃娃，你都从来没玩过，你如果不喜欢为什么要买呢？而且家里已经有一个了。"妈妈无论怎么劝说，乐乐都不听，坚持要买，开始发脾气。妈妈不想在公共场合跟她闹，就顺了她，给买了。回家后，新买的娃娃遭受了第一个娃娃的同等待遇，被冷落一旁。

　　乐乐表现出的行为，是七大危机特征的第二个特征，叫固执。固执指的是孩子坚持要求得到某样他并不真的想要的东西或做想做的事，他只是因为要求而要求。固执不同于坚持。如果孩子因为喜欢某个玩具而坚持要得到它，这就不是固执。

　　记得3月18号那天晚上，Kiki睡觉前突然要下床去玩儿。以前也出现过类似的情况，我会顺着她。可是那天我要赶工作，希望她早点睡，就试图劝她不要离开。但她坚持要下床，不停地往床沿爬去。

　　这个例子中，Kiki坚持要下床玩，就不是本节所说的固执，因为她坚持得到的，是她想要的。如果她下床是为了体验"我"说了算，身体已经困得不行而对下床玩毫无兴趣，那就是固执。

跟违拗相比，违拗是针对别人，即，"你要我这样，我就偏不听你"；固执是重在自己。孩子的行为动机是因为"我这么说，就得这么办。我说了算"。

区分固执、坚持与违拗并不是本节的目的，在实际应用中也无需像考试一样，绞尽脑汁去分清孩子的行为到底是固执、坚持还是违拗。更何况很多时候，它们并不容易区分，只能主观感受。理解固执是什么，是为了在生活中遇到类似与孩子的冲突时，能想起"哦，这可能就是两三岁的危机特征"。接着就会知道，既然是危机特征，孩子这样可以理解。于是就不会因为不理解而失去耐心或发火。在没有安全问题的情况下，通常对固执的回应是尽量顺着孩子。因为让孩子的固执"得逞"，是在给他提供练习自我的机会（参见第三章）。

第 4 节　顽固："这事得按我的来"

　　顽固是指固执己见，要按照自己的方式做事，反对日常的教养规则。在以专制型教养方式为主导的家庭（家长像独裁者一样，掌控着孩子所有的事情，什么事都得由家长说了算）中，顽固是孩子在两三岁危机期表现出来的主要特征。在危机期之前，这些孩子很顺从；可某天他们突然变得顽固，不再服从以前的常规，拒绝按照家长要求的方式做事，而要坚持自己。

　　我印象特别深刻的例子，是 Kiki 从出生开始，每天洗澡都很顺利；可两周岁后，突然有一段时间，她拒绝洗澡，即便我没有口头上叫她洗澡，即没去激发她的违拗，她也莫名其妙地不要洗澡了。还有早上起床穿衣服，以前都很顺，两岁后有一天突然不肯穿衣服了。类似的例子，不胜枚举。她就是这么突然变了，不再服从以前的常规。虽然我们家不是专制型教养，但她也会出现这些现象。专制型家庭，顽固的现象可能会更频繁。

　　还有个例子，帅帅去洗澡前，把要换洗的干净裤子扔地上了。爸爸把它捡起来，怕弄脏了。可是帅帅马上表现出要哭闹的样子，从爸爸那儿把裤子一把夺回来，扔回原地，不准任何人动它。帅帅的爸妈因为理解这些危机特征，就顺了她，没再去动地上的裤子。

类似的经历，也在我们家发生过。一个下午，我坐在沙发上看书，一旁放了维果斯基的书。因为 Kiki 来了，我就顺手将它放到茶几上，把沙发腾出来给她坐。可是 Kiki 不让动，马上哭起来，要我放回去（这可能跟秩序感有关）。我放回去了，但稍微放偏了一点，她就捡起来放回原处。后来爸爸不小心把它移开，她有同样的反应，可能她觉得要放哪儿就得放哪儿，这事得按照她说的做。

违拗是针对要求孩子做这做那的人，即，你说了我就不听，孩子是与给他提要求的人对抗。固执是针对孩子自己，即，我说了算，什么都得听我的。顽固是针对事，即，这事不能按照你说的做，得按我的方法来。如同上例中，裤子和书都得按照"我"的方式放，爸爸妈妈不准动！

第 5 节　任性："我自己来"

吃完一碗味噌粥，妈妈正要把碗拿过去洗，帅帅急着说："不要，不要，我自己洗。"说着就把碗拿到水槽边。妈妈怕帅帅打破陶瓷碗，不放心地扶着碗，被帅帅推开。妈妈担心她洗不干净或是洗的时候不小心打破碗，就劝说道："等你长大了再洗吧。"可是怎么劝都不行，帅帅一定要自己洗。洗好碗要出门了，妈妈习惯性地给帅帅穿鞋。没想到被她一把推开，说："不，我自己穿。"

帅帅的这些行为是任性的表现。这个特征跟我们平时说的任性不太一样，它指的是儿童任何事情都想自己做，再也不愿像婴儿时那样，饭来张口衣来伸手地依赖于父母。它意味着一个孩子走向独立的萌发。该阶段之前，这种独立性是不存在的。

自己拿餐盒和水瓶去幼儿园

第2—5节描述的四大特征，是两三岁危机期最主要的特征，比较常见。其余的三大特征，重要性次于前四点。

第6节　反叛

　　反叛是指孩子似乎每时每刻都处于迎战状态，与家长互动时，带有抗议的色彩。在更早的婴儿期，这个特征并不存在。这种抗议，在日常生活中表现出不同的样子。比如，与成人发生频繁而幼稚的争吵。

　　有一种带有强烈情绪的反叛，可能有其他的心理原因，需要引起成人的关注和理解。

　　记得有一天傍晚我去幼儿园接 Kiki 回家，她要把午睡用的床单和毯子拿回家。可是床单被压在很多其他摆在一起的床下面，抽不出来，况且平时的惯例是不带回家。她执意要，老师建议她等第二天午睡时，老师把其他小朋友的床拿下来，她的床单就可以取出来了，Kiki 这才答应回家。可是到了车上，她就开始闹脾气。这也不是，那也不行，只要哪里有跟我互动，她就会跟我说 "No"。她不要平时爱吃的小点心，不要坐车，不要系安全带，不要……

　　后来我说："赶紧坐好了，回家看刚寄到的夏威夷四弦琴。"她这才让我系了安全带。可路上又要解开安全带。我说："快到家了，到了妈妈就会帮你解开。"可到了家，她哭闹开了，不让我解开安全带，但她自己又解不开，拼命大哭。我怕自己失去耐心，就赶紧叫爸爸来，可她不要爸爸，要妈妈。我只得回去。折腾了好一会儿才让我解开。接着就是不肯下车，在座位上大哭大闹乱踢，后来掉到车座下的地上，躺着乱踢大闹，之后把车里的东西都扔出去。

这样闹了大概二三十分钟，不知道是累了还是无聊了，她要求看《小猪佩奇》的视频。我答应了她，可她不让我抱她回家看，也不肯自己走。后来终于答应了，我总算把她抱回家了，可她不让我碰她额头上的泥沙（这是刚才在车座下沾来的）。

上例中 Kiki 一系列的反叛行为，貌似是因为没拿回午睡用的床单和毯子导致的。但是带有那么大情绪的反叛，其原因可能不会这么单一。孩子很可能是在其他地方不顺心了，受挫或委屈了，压抑了情绪，而换个安全的环境发泄。比方说，幼儿园的同伴关系出了问题；整天都待在幼儿园，见不到爸爸妈妈等。我记得她那几天刚开始从半天延长到全天上幼儿园。虽然延长在园时间的决定经过了她的同意，但对她来说，可能一下子没法适应那么长时间，更何况在幼儿园不如在家里有掌控感。一天下来，积累了很多不舒服的情绪。妈妈来接了，要不到午睡用品，激发了反叛，同时把所有压抑的情绪倒出来。她似乎要在不停的反叛中，找回自我在社会互动中的掌控权。

当然，以上只是我根据整体情况和平时对她的理解做出的猜测，没人知道到底是什么原因导致了反叛中的强烈情绪表达。但是，有一点是肯定的，带有强烈情绪的反叛，一般会有除了表面原因的其他因素。如果这个时候，成人去压抑孩子，对他们来说无疑是雪上加霜。所以，需要我们特别留意，并理解和接纳它。这一条，对其他年龄段的孩子甚至是成人，都适用。

第 7 节　贬低

与反叛相关的第六大特征是贬低。孩子会贬低身边的人、事、物，比如，玩具和父母。在他的语言表达中，似乎所有的东西都变得很糟糕。而这些人、事、物，事实上并没有引起他的不愉快。举个例子，妈妈突然听到孩子说她是个傻瓜。很多人会对此起反应，觉得孩子不能这样没大没小，更何况自己又没招惹他，于是开始教育孩子。其实大可不必，因为这只是危机期孩子表现出来的一种特征，轻描淡写让它像溪水一样流走就可以了。

我记得有一次，Kiki 突然跟我说，她不喜欢这个积木，一副满不在乎、像是积木糟糕透顶入不了她的法眼的样子。我当时觉得纳闷，平时不是挺喜欢这个积木吗，怎么突然这样？后来想起这个贬低的危机特征，于是我没对此做出什么回应。要不然，我可能会问她为什么突然不喜欢了。这一问，可能就会勾起她的其他危机特征，招致矛盾冲突。

第 8 节　专制与妒忌

专制与妒忌是第七大危机特征。这个特征在不同家庭中，呈现出不同的样子。

专　制

在独生子女家庭，孩子表现出控制周围人的欲望，称为专制。比如，妈妈想上洗手间，可是帅帅不让去，要让妈妈坐在她旁边，看着她搭积木。妈妈一开始稍微妥协了一会儿，顺了她，但后来就去洗手间了。妈妈虽然因为理解这些危机特征，知道应该尽量满足帅帅支配他人的需求，可是她觉得在照顾到孩子的需求时，也不能忽视自己的合理需求。

有专制特征的孩子，会用各种各样的方式，对周围的人行使权力，要求爸爸妈妈必须给他想要的一切，听从他的安排。这种专制的表现，是因为孩子希望重建和重温他婴儿时期宇宙中心的地位。他周围的人会经常感到受控制，这对原本控制欲很强的成人来说，是个极大的挑战。第一章"孩子想，我不想"里，一开始的几个例子就多少传达出这种专制的气息。

　　Kiki 三岁那年的 4 月 25 日，我在楼上卧室隐约听见她和爸爸在楼下发生了矛盾。没一会儿，她跑上来，很不高兴的样子，用哭哭的腔调跟我告状："妈妈，我再也不想跟爸爸玩了。"我问她："为什么？"她说："爸爸没有听我的！"那个神情，似乎这对她来说是多么不可思议，而只有听她的才是天经地义。

　　7 月 23 日早上，Kiki 醒来又开始莫名其妙地不高兴闹脾气，把我从床上拖起来。后来她要看《小猪佩奇》，爸爸说带她去看，可转眼间她又回到卧室，要求我跟她一起下楼。她没穿衣服，却不允许我把衣服给她拿下楼穿。到了楼下，她让我坐地上，自己半躺在我怀里，让爸爸蹲在旁边，拿着手机给她看视频，不让我们任何一个人离开。一大早被"控制"在这里，啥也干不了，我开始轻声嘀咕："这两天每天都这样闹，早上一场，晚上一场。这种重复，让我有点沉不住气了。"她爸拍拍我的肩膀，暗示我沉住气。

　　上例中 Kiki 对我们的一系列要求与控制，将专制的危机特征展现得淋漓尽致。如果我们不理解这种特征，就会很难在冲突当下沉住气顺应她，相反会引发带有更强烈负面情绪的冲突。

妒　忌

　　在多子女的家庭，第七大特征呈现出的样子称为妒忌。有位妈妈早上上班前要送两个孩子上幼儿园，时间很紧，可是姐姐明明会穿鞋，却不肯自己穿，也不要爸爸穿，非要妈妈穿。妈妈正在给妹妹系安全带，没有过来。姐姐一怒之下，没穿鞋子光脚冲到马路上。因为时间紧迫，妈妈直接带着妹妹走了，留下姐姐给爸爸。姐姐见状，伤心大哭，声嘶力竭。

　　在这个例子中，姐姐的这种行为，可能是妒忌妹妹、跟妹妹争宠的表现。这位妈妈的回应，引起姐姐的伤心。其实，如果当时让爸爸送妹妹，妈妈留下来给姐姐穿鞋，再送她去幼儿园，就能更好地照顾到姐姐的情绪。如果这种粗糙的互动成为一种常态，可能会对孩子的心理健康和自我的形成带来不良影响。

　　此外，在多子女的家庭或在幼儿园，成人应避免因为个人喜好，在孩子面前把他们拿来相互比较，有意无意地表达自己偏爱某个孩子。这样只会激发孩子的妒忌。

　　以上七大危机期的特征，不是每个孩子都会出现所有特征。由于个体差异，不同孩子会出现不一样的特征，表现的强弱也会不一样。比如，固执在帅帅身上就很少出现，而违拗却非常突出。

第9节　日常应用四部曲

知道了这些危机特征，可以怎么应用呢？

在日常生活中，当孩子出现这些特征时，成人可以尝试做到"意识—理解—接纳—回应"四部曲。

第一步，成人要能很快意识到孩子的表现属于七大危机特征，但是不需要背诵这些特征，也无需分辨到底是七大特征里的哪一个。

第二步，能理解它是这个发展阶段常见的情况。

第三步，平静地接纳孩子令人"抓狂"的情绪和行为（除了破坏性和不安全行为）。

第四步，做出合适的回应。

正如前几节提到过的，对危机特征的回应，在没有安全问题且不妨碍他人的情况下（详见第五章），以顺着孩子为主。虽然危机期的儿童被称为"问题"儿童，很难相处，但是这个阶段，意味着儿童新的个性特征的形成和心理的发展。维果斯基指出，如果儿童没有顺利明确地表达出危机期的特征，这将可能严重阻碍他们后期在情感和意志方面的发展。也就是说，如果在孩子表达这些危机特征时，经常受挫或被压制而无法顺利表达，就可能对未来的发展造成影响。这些危机特征，其实是孩子在练习自我。如果自我得不到很好的练习，就会造成很多问题（详见第三章）。有些青少年的情感意志问题，可能跟这个有关。这就是为什么家长在回应危机特征时，要以顺着孩子为主。

当然，如果你一下子做不到也没关系，无需自责。只要先试着毫无评判地用心去体会孩子和自己当下的情绪状态就可以了。

等孩子过了危机阶段，就可以不用太顺着了。很多自由派的育儿文章里，会比较笼统地主张给孩子自由或顺着他们。其实，从儿童发展心理学的角度看，儿童在不同发展阶段，会有该阶段独特的心理发展特征和内在需求。所以，同样的儿童行为，在不同发展阶段，需要家长区别对待。也就是说，同样的回应方式，可能不适用于所有的年龄段。就像第 8 节中 Kiki 7 月 23 日的例子里，要不是因为她的两三岁的危机特征，我就不会这么"忍气吞声"。后来她过了这个阶段，我就不再为她的"专制"让自己"憋屈"。面对我真实的自我表达和爸爸对她新的年龄要求，她一开始不适应。从习惯了专制和被顺着，到面对我们不顺从她的互动，有个脱敏的过渡期，

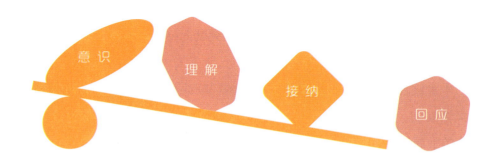

慢慢就会好。

以下的"玩电脑的冲突"案例，用来练习应用四部曲。

2月5日，Kiki 两岁零四个月，她看到我的电脑就要玩。当时我的电脑里开着一些工作用的重要文档，怕被她弄乱，于是我本能的反应就是没给她电脑。这下惹恼了她，似乎开启了她拿不到就誓不罢休的模式，她尝试各种办法要拿到它。最终没拿到，她就从我包里拿了一支笔，然后去书房拿了一本我的新书，要在书上涂画。我制止了她。她就回到书房，又拿了另一本书，又被我制止。我就把书架上她能拿到的一摞书，放到她拿不到的钢琴上。可她立马爬到钢琴凳上，试图去拿书。我怕她踩空从琴凳上摔下来，就把她抱了下来。这下更惹恼她了，她开始大哭大闹……

看完上面的案例，你认为 Kiki 是否表现出危机特征了（意识）？如果你是例子中的妈妈，能在认知上理解孩子的行为，并在情感上接纳它而不至于发火吗？接着，你能在行为上做出合适的回应吗？

你可以暂停阅读想一想，感受一下。

我对第一个问题的回答是肯定的。Kiki 表现出了固执的危机特征。她没拿到电脑后的一系列行为，是固执的表现。我当时的感觉是，她那么做，已经不是因为对电脑本身感兴趣，而是进入了"我说了算，不算就给你颜色看"的状态。我在事发当下，并没有去界定她出现了哪个危机特征，因为这并不重要，而是意识到因为危机特征，她才会这样。因为理解，便没有失去耐心。后来我用转移注意的方法回应了她，顺手拿了一本绘本给她念起来，她的注意力就被吸引过去了，冲突就此结束。当然，我也可以顺其自然把电脑给她玩，就不会有冲突了。

本章结合维果斯基提出的七大危机特征理论与我的日常生活和研究中的具体案例，呈现了两三岁儿童的种种危机表现。下一章继续探讨该阶段儿童的发展特征和需求，进一步了解他们。

Chapter 3

第三章

看见两三岁，
如此独特

第 1 节　两三岁的新需求

记得 Kiki 两三岁时，因为平时跟她之间的冲突一下子增多了，我就特别怀念她一岁半前的日子。那会儿没有第二章里谈到的各种危机特征。我曾好奇，为什么到了两三岁，孩子就会出现这些危机特征，而变得很难相处？

非古典心理学派认为，危机特征的出现，是因为孩子与周围人的社会关系改变了。换个讲法，所谓三岁危机期，其实是社会关系的危机。

在更小的婴儿期，孩子通常依赖父母或被告知去做什么，与成人的社会关系是居于下方，并且在心理上还处于"大我"的状态，即，物我不分，还没有意识到自己是独立的个体。

两三岁危机期的孩子，在与成人的社会关系中不再愿意处于下方。因为在这个阶段，他们的内在情感意志发生了变化，自我意识正在发展。第二章里描述的危机特征，便是围绕着自我意识的发展而出现的。孩子们用各种方法对周围人行使权利。他们违拗、固执、顽固和反叛，是因为"我"

不要再听大人的，"我"要自己做主，什么事都得听"我"的，"我"是老大。任性是"我"无所不能，"我"要自己来，不要你给"我"做。反叛是通过贬低他人和事物，获得自我的优越感，"我"最牛。专制和妒忌表现出"我"是宇宙的中心，你得围着"我"转。

这些危机特征，恰恰反映了他们内在心理的新需求，即，对不再处于从属地位的独立自主的社会地位的需求。

在我的育儿经历中，这种新需求很明显。

Kiki 两岁零两个月的时候，说了一句话："我很喜欢红色的鞋。"而这之前，她会说："宝宝喜欢米老鼠。"也就是说，我第一次听到她用第一人称代替第三人称表达自己。这种在语言表达上人称代词的转变，是典型的自我意识发展的标志。珍妮·布鲁克斯 - 冈恩的红点实验发现，孩子的自我意识萌芽于一岁半到两岁之间。不过这个发现仅限于视觉上的自我意识。也就是说，一岁半之前，孩子可能已经出现了其他形式的自我意识。

从 Kiki 能用"我"描述自己后,我发现她不再言听计从,而是要独立自主,开始尝试自己掌控生活。就在上例之后的第二天,我建议她洗个头,她说:"不!我的头很干净。"她当时回答的那个神速和肯定劲儿,着实让我吃了一惊。想起以前我要请她洗头,她一般不会说什么。现在不一样了,这个"自我"强大起来了。

很多家长对孩子和亲子关系的这些变化,并不适应。他们或是不知情,或是不愿意面对现实,而继续用以前的老方法跟孩子互动,期待他们跟以前一样顺从。当孩子不再如初,他们便感到很受挫,开始抱怨:"这孩子怎么这么难带?!"更有甚者,特别是控制型家长,很容易与孩子进入权力之争,一较高低,看看"是老子厉害还是你厉害"。或者,火冒三丈,进入了情绪激烈的冲突。

除此之外,有些家长会问:既然孩子要独立自主,为什么很多时候却非常依赖成人?

我在养育 Kiki 的过程中,就经历过很多次这样的矛盾。比如,她会像帅帅那样,吃完饭后,要自己洗碗,表现出独立的一面。但是,很多时候她又非常不独立,连个水壶都要让我拿。

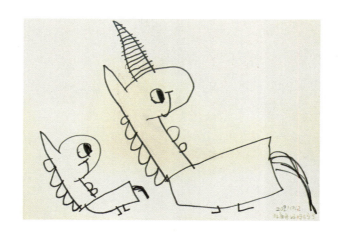

其实，两三岁孩子有限的身心发展水平还无法让他们完全自立。他们有独立自主的内在需求，但与现实的身体及心理发展水平有冲突。所以，他们表现得既独立又依赖。如同一个钟摆，不停地在独立与依赖之间摇摆。

遇到孩子依赖的情况，家长需要理解他们。

我通常会鼓励孩子自己先尝试，给她体验独立解决问题的机会。接着用提问的方式启发她，如果她还没法解决，我再手把手跟她一起解决，比如把纽扣解开，跟她一起体验成功。即，"鼓励独立尝试—支持问题解决—体验成功"的回应三部曲。

这个方法可以满足孩子既独立又依赖的心理，不但给他们练习独立解决问题的机会，而且提供适当的支持，满足孩子依赖的需求。并且，在这样的互动中，他们还能体验成功，发展自信心。

除了看见两三岁儿童自我意识的发展和对独立自主的社会关系的新需求之外，还需要了解他们的哪些特点呢？下一节的教养重点，是根据孩子该阶段的发展特点和需求提出的。

第 2 节　两三岁的教养重点

一到三岁的教养重点是什么？

去年有位在硅谷的妈妈来找我，说她的宝宝现在一岁零三个月，由于自己和先生工作非常忙，顾不上带孩子，只得请外婆带。可是不知道这个年龄段的孩子，平时教育应该关注什么。

女儿 Kiki 出生时，我虽然身在幼儿教育领域已近二十年，也有全儿童的发展观，即注重身体、认知、语言、社会和情感、性格、道德等的整体发展，但是，那么多方方面面，怎么关注得过来。一到三岁这个阶段，除了身体照顾等养护之外，其学习与发展的重中之重是什么？

一说起学习与发展，很多家长会自然而然地想起认知发展，比如，各种知识的学习。记得 2019 年底回国开会时，我的朋友李博士告诉我，很多家长买了一堆字母卡片，给宝宝们一张张快速机械地翻读，以此进行所谓的认知和大脑训练。有些早教班也在做这件事。我听着很心酸。中国父母注重教育闻名世界，这是好事。但是教育需要在了解儿童的基础上进行，

40

并讲究方法。

对于一到三岁的孩子来说，有意义的学习与发展，隐含在成人与孩子的日常生活互动中，这区别于以成人为中心的刻意的教。不是不要认知发展，而是应在日常生活中体验式地发展。如果你一定要用字母卡片，那就将它放在家里的某个地方，可以和图书放在一起，供孩子看见了主动去探索。如果他拿起来看，正好被你看见了，你可以告诉孩子卡片上字母的发音，但不要求孩子跟读，除非他自己主动学样（关于如何在日常生活中学习与发展，参见我的另一本书《玩中学》）。

一到三岁日常生活学习与发展的重中之重，是儿童社会情感和性格的发展。虽然维果斯基和哈佛大学的肖恩科夫等人都认为，社会情感和性格的发展与认知发展密不可分，但是比起认知发展，前者却容易被人忽视。所以，我们需要将社会情感和性格的发展列为零到三岁儿童的教育重点，并利用日常亲子冲突，促进这方面的发展。

两三岁性格发展的关键是什么？

在婴儿早期（一岁半到两岁前），发展心理学家和精神分析学家埃里克森和鲍比都认为，我们应该特别关注安全的亲子关系的形成（虽然它在两岁后也很重要），比如安全型依恋，让孩子能信任自己与周围的关系是安全的。这个是重中之重！因为如果这个时期孩子没法建立安全和信任的关系，他们今后就很可能没法与他人形成健康安全的人际关系，无法信任朋友和同事，在恋爱或夫妻关系中，不信任对方，难以获得深度的幸福。严重的，还可能出现精神疾病。

孩子到了两三岁，埃里克森认为，自主性是婴儿后期（一岁半到三岁）关键的性格发展需求。这跟第二章维果斯基的观点一致。他们都建议，成人要给孩子提供练习自主性或自我发展的机会，不能过度压制。埃里克森提出，如果这个阶段自主性得不到充分的练习和发展，孩子经常受到批评和控制，他们就有可能发展出过度依赖他人、缺乏自尊心、匮乏感、羞怯和自我怀疑的性格。这将不利于他们未来形成自信心和主动性等良好的性格品质。相反，如果孩子的自主性发展得到成人的支持和鼓励，他们今后会对自己在世界上的生存能力，感到更加自信和安全。

人类发展如同百花园，每种花都有各自的花期。这个发展的最佳时期就是"关键期"。教育要抓住关键期，才能在最短的时间内用最省力的方法达到最佳的效果。在注重全面发展的前提下，要像重视认知发展那样，关注社会情感和性格的发展。其中，支持自主性的发展，是促进两三岁儿童性格发展的关键。

第 3 节　一到三岁的四大意识特点

　　除了上一章介绍的七大危机特征和本章的心理特征之外，维果斯基还指出一到三周岁儿童具有四大突出的意识特征，包括感知与行动统一、感知与情感统一、情感与行动统一以及注意、记忆和思维统一。这些特征，跟令人"抓狂"的两三岁现象，也有千丝万缕的联系。

感知与行动统一
　　平常我们会看到一到三岁的孩子似乎特别忙，他们不停地碰了这个动那个。用维果斯基的话来说："孩子看到的一切，他都想触摸。"为什么会这样？

　　这是因为该阶段的孩子具有感知与行动统一的意识特点。他们感知到的东西，都会紧接着行动。比如看到（感知）一个玩具，就会不由自主地去拿（行动）。换句话说，他们的行动受限于情境。情境会影响行动。这就是为什么，他们所处的环境中，比如家里或托班教室，不适合有太多的感官刺激，包括太多颜色和太多的玩具，这样容易导致孩子多动。

知道了这个特点，能给日常冲突的处理带来什么启发？

首先，可以通过管理感知觉管理行动。比如，把家里不希望给孩子玩的东西藏起来，别让孩子看到。如果看到，他们就会去拿，拿不到就会哭闹，发生原本可以避免的冲突。听觉也是同理。Kiki 喜欢吃甜食，我和她爸有时候说话会不小心谈到某些甜食的名称，原本专注于玩玩具的她，会立马停下来，过来要甜食吃。如果我们不给，就会发生冲突。

其次，可以利用感知与行动统一的特点，用实物转移注意，解决矛盾冲突。比如，Kiki 哭闹时，我会故意抱她坐在一筐书旁边，拿绘本里的图片从视觉上吸引她。当读给她听时，用声音和内容从听觉上吸引她。双管齐下，转移注意，将哭闹的行为引导到阅读上。

感知与情感统一

孩子感知到的事物，会给情感带来直接影响。比如，一下子在家里摆放过多的玩具，可能会让孩子感到烦躁不安；红色和橘黄色给人带来热情温暖的感觉等。有句我们熟悉的俗话说："孩子的脸，六月的天，说变就变。"孩子情绪转变快和他们的感知与情感统一有关。因为感知的变化，会迅速引起情感的变化，这也是有些孩子动不动就哭的原因之一。

情感与行动统一

孩子一开始的行动和情感是不可分的。他们的情绪体验通常伴随与之匹配的行为。不高兴了就哭，哭的时候，突然听到欢快的音乐或看到好笑的动画片（感知），会让他们感到愉悦（情感），又马上破涕为笑（行动）。这个情感与行动统一的特点，跟前面提到的感知与情感统一，也相互关联。

平时，我发现 Kiki 在回应我时，会带有我认为毫无必要的负面情绪。比如，早上起床，我给她拿了件衣服穿。如果我们成人不想穿这件衣服，会直接说"我想换另外一件衣服"。但是两三岁孩子的回应会不一样。Kiki 在拒绝穿这件衣服的同时，会表达很多情绪，哭哭的样子，有时还会伴有用脚踢开衣服的动作。于是我会跟她说："妈妈又没强迫你穿，好好说，不需要这么有情绪地哭闹。你又不是小宝宝，小宝宝才这样呢。"

我这么说，显然是期待她像成人一样，不喜欢就说，不要表达烦人的消极情绪，更不需要情绪中还伴有踢蹬的动作。但事实上，我这样的期待是蛮不讲理，完全把孩子的感知与情感统一以及情感与行动统一的心理特点忘到爪哇国了。当她看到自己不喜欢的衣服时（感知），她不高兴的消极情绪就起来了（即，感知与情感统一）。因为情感与行动统一，所以会伴随一些用脚踢开之类的动作。她的情绪行为一体的拒绝反应，符合她的心理特点，需要得到我的理解和接纳。虽然我可以引导她用语言表达，或者给她示范我期待中的反应，但是无需去否定她的情绪表达，更不要说"你又不是小宝宝"之类的，这些只会激怒她，于事无补。

Kiki 两三岁期间，除了情感与行动统一的特点外，还有两者分开的状态，通常在出现危机特征时呈现出来。

记得 7 月 28 日，回家路上，Kiki 在车上睡着了。大概睡了半小时，到家醒来后开始哭闹，不肯去小便。于是我就抱着她坐下来，亲一亲，安慰她。可是她居然边哭边在我腿上漏点小尿，没一会儿再多漏一点，弄湿了我的裤子。这明明是尿憋不住了，于是我又让她去小便，可她还是不去。后来尿得更多了，我就执意抱她去洗手间了，请她坐在小马桶上，她居然不坐，马上站起来，在地上尿一大摊。尿完后双腿跪坐在尿里，继续哭。我让她独处了一会儿，告诉她妈妈去楼上换裤子。她一开始不肯让我走，后来我执意走了，她也算了，不过继续哭。等我换好裤子回来，她的情绪已经平静下来了。

在这个有危机特征的例子中，Kiki 一方面可能因为没睡醒很难受（感知），不高兴（情感），于是就大哭大闹（行为），表现出情感与行为的统一。另一方面，她憋不住尿（感知），需要小便（情感），但却拒绝去小便（行为），表现出情感与行为的不一致，即把某方面的情感需求与行为分离了。情感与行为从不可分到可分，意味着更高一级的心理发展。也就是说，第二章

45

里谈到的违拗等危机特征，表明了孩子第一次能将自己的行动和情感意愿分开，标志着孩子在心理意识上的进步。

前文帅帅的例子，也说明了同样的道理。帅帅感到困了（感知），想去睡觉（情感），但是因为妈妈说了让她去睡觉，她就拒绝睡觉（行动），与她自己本身想睡觉的情感意愿相违背，即，把情感和行为分开了。

理解两三岁孩子出现危机特征时，这种感知、情感和行为不统一的复杂情况，可以帮助我们更理性地应对，而不至于陷入抓狂的境地。因为理解，而能接纳宽容。就像上例中我能让 Kiki 宣泄情绪，尿在我裤子上和地上，也没有一句指责，始终保持包容和平静的心态，不是因为我天生脾气好，而是因为理解孩子。

注意、记忆和思维统一

一到三岁儿童的注意、记忆和思维这些心理功能尚未分开，还是一个整体，这意味着它们会同时出现。它们从属于知觉，参与感知过程。

由于这个意识特点，孩子画画的时候，不会像成人那样，事先想好要画什么，怎么画，而是边注意力集中在画画上，边即兴想要画什么。还有，如果让孩子玩一个与他能看到或听到的事实相反的游戏，就没法进行。比如，你说坐下，但是他得站起来。所以类似于"西蒙说"这样的游戏，就不适合他们玩。

本章解释了一到三岁孩子的内在心理发展需求和特点。下一章将讨论冲突前的预防法。

第四章

冲突前

五大主动预防法

在前两章，我们了解了两三岁孩子令人抓狂的七大特征及其心理原因。这个原因即是孩子的自我开始发展，有强烈的独立自主的需求。如果我们对该心理需求视而不见，生活中便可能充满过多的冲突与负面情绪。长此以往，会使孩子体验太多的压力，对身心健康和发展不利。

不仅如此，过多的冲突和压力还可能改变孩子的大脑结构。美国精神科医生佩里博士从脑科学的角度，解释了压力给孩子带来的不良影响。当孩子长期处于压力环境中，无需是导致创伤的巨大压力，像父母因为工作压力而传达给孩子的紧张感等，都可能导致孩子出现改变大脑结构的"敏化的压力反应"。这种反应，会使大脑将遇到的任何新事物，视为威胁性的事物。当大脑感知到威胁时，它要做的第一件事就是关闭部分大脑皮层。而所有有效的学习，都只能在大脑皮层开放的状态下发生。所以，如果孩子早期在家庭生活中长期处于有压力的状态，他们的大脑结构就可能会改变，今后即便上了最好的学校，遇到了最好的老师，也不会好好学习，难以在学业上取得理想的成绩。

本章介绍四种预防冲突的方法。预防冲突的关键，是在亲子互动中，理解并支持孩子的自我发展和独立自主的需求。

第 1 节　方法一：艺术地提要求

给孩子艺术地提要求，避免出现危机特征，减少冲突，有四种方法。

1. 描述而非指令

平时给孩子提要求时，可以间接地描述客观事实，避免用指令式的语言和口气让孩子去做事。因为这样容易激发他们的违拗等危机特征而引起冲突。

笑笑的妈妈有时候叫"笑笑，过来吃饭"，他就不过来吃。有一次笑笑其实饿了，让妈妈给他做面条吃。可当妈妈做好面条叫他吃时，他却拒绝并开始对抗。笑妈跟我分享了这情况后，我建议她可以尝试"笑笑，午饭已经准备好了，爸爸妈妈去吃饭了"。这种不去直接叫她，而是描述"午饭已经准备好了，爸爸妈妈去吃饭了"的客观事实，间接地提醒孩子可以吃饭了。接着大人们就可以自己去吃饭了。一般情况下，孩子自己就会过来吃，如果不过来，也没关系。

类似的例子还有洗澡，可以放好洗澡水，把孩子洗澡时玩的玩具放进水里，再告诉他："笑笑，洗澡水已经放好了，你的小鸭子和小青蛙都已经跳进水里了。"简单地描述"洗澡水放好了，玩具们已经下水了"的客观事实，而没有直接叫他过来洗。还可以用夸张一点的语气，吸引孩子。

这种描述而非指令的方法，是把主动权留给了孩子，能满足该阶段儿童练习发展自我的需求。

2. 开放性提问

另一种方法，是用提问的方式激发孩子做某件事的兴趣，即创造条件，使他自己主动去做，而不是直接要求他去做。提的问题以开放性为主。开放性问题是指那些不能轻易地用"是"或"不是"等简单的词或数字来回答的问题。就像上文吃饭的例子中，如果你问孩子"要不要过来吃饭"之类的封闭式问题，很可能得到否定的回答。因为这个时候的孩子，特别喜欢说"不"。

Kiki 有一段时间抗拒洗澡，直接叫她去洗澡的老方法已经行不通了。有一次我问她："Kiki，你知不知道浴室里的小鱼，现在在干什么？"小鱼是 Kiki 平时喜欢在洗澡时玩的磁铁钓鱼玩具。她听我这么一问，马上来了兴趣，赶紧跑去浴室看个究竟，洗澡就自然而然地开始了。

还有一次，Kiki 在公园赤脚玩，回家下车前，我问她："宝贝，到家第一件事是做什么？"（爸爸以前带她玩回来都会这么问她。）她毫不犹豫地说："洗手洗脚。"很愉悦很神气的样子。这让我想起以前不知道有多少次，她洗手要大哭大闹。反思过往，我发现我们似乎都是不经意地就告诉她"去洗手"，而没用开放性提问的方法，让她自己说出要做什么，以至于诱发了她的危机特征。

上例中，我没有问她"要不要洗澡"，而是用开放性问题引起她对小鱼在干什么的兴趣；问她"第一件事是做什么"，引起她的思考，主动说出要做的事，满足她练习发展自我的需求。当然如果每天都问同样的问题，孩子会不再感兴趣，所以得想一些其他开放性的问题，或者用另外的方法激发孩子主动去做。

3. 不说不问只行动

第三个艺术表达，是不表达，即，不说不问只行动。这个方法仅限于一些习惯性的日常环节，比如，每天洗澡的时候要洗头，直接给孩子洗头就可以，不需要跟他说"好，现在要洗头了"，更不需要问他"要不要洗头"之类的封闭式问题。

跟第二章一开始帅帅的例子类似，Kiki 的爸爸好几次跟我说，本来洗澡水放好了，因为习惯了每天洗澡，Kiki 一般会很自然地去洗澡，可是如果爸爸说"去洗澡了"，她会马上反对，说明天再洗。

有一天晚餐，Kiki 揉了好几次眼睛，一副很困的样子。我随口说了句："宝贝看上去困了，要不去睡觉吧？"她听我这么一说，来劲了，不停地说不睡。

其实我们可以什么都不说，就没事了。平时用这个方法的时候，可能得有意提醒自己不必要的时候少说一句。虽然多说一句本身没有错，但是面对两三岁危机期的孩子，特殊时期，特别对待，以减少冲突。不过，不要把这个方法与不沟通和不尊重、什么都由成人说了算的行为混为一谈。

4. 关系的上下换位

Kiki 两岁半左右的时候，收玩具是一大难题。有一天玩好后，我请她收玩具，她不愿意。只要我直接请她收玩具，经常会遭到她的拒绝。我临时想起文化历史心理学里的"主体位置"（subject positioning）理论，于是拿起一个玩具问她："宝宝，这个玩具的家在哪儿，你知道吗？妈妈不知道，你帮妈妈给它找到家好吗？"话音刚落，她马上过来了，把玩具送回了家。她接着继续主动地收其他玩具，直到把所有的玩具都收好了。

这个方法，其实就是把我和 Kiki 在收玩具这件事中的位置关系，从我在她上方，叫她收玩具，换到我在她下方，请求她的帮助，以此调动她的主动性。这种方法特别适合用在有七大危机特征的两三岁孩子身上。在冲突之前，就可以直接使用，避免冲突发生。不过这个办法也不总是好用。记忆中有一天，我用了同样的方法，她就没来收玩具。所以，不能总是用同一种方法，要看情况换换。关系的上下换位跟下面的赋能法也有联系。

第 2 节　方法二：赋能五法

这里说的赋能，是指相信孩子是主观能动的个体，而不是消极的接受者，创造机会让他们实践各种权利和需求。成人能否做到这一点，跟是否理解儿童有很大关系。

记得以前我做幼儿园老师时，经常遇到家长包办过多的现象。家长为什么会包办过多，操心这个，担心那个？仅仅是因为太疼爱孩子吗？我认为除此之外，对那么小的孩子，多少有些不信任和不理解。问问自己，孩子在你的眼中是什么样的？

意大利教育家蒙台梭利博士是这样描述儿童的：

"孩子有一个直觉自发的目标：自我发展。他拼命想开发他的资源，并发展他的能力，以应对这个陌生而复杂的世界。他想通过自己的感官，来做、看和学习，而不是通过成年人的眼睛。完成这一切的孩子，便能与他的世界和谐相处，成为一个完整的人，一个受过教育的人。"

有了这样的对孩子的信任和理解，把孩子看成是主观能动的个体，会更容易在日常互动中给孩子赋能，并减少不必要的冲突。

如何给孩子赋能，以减少冲突？以下介绍五种赋能的方法。

1. 少控制，多顺从

很多父母遇到孩子表现出"专制"等危机特征时，往往会失去耐心而出现情绪激动的冲突场面。

面对孩子的各种危机特征，比较理想的做法，是"少控制，多顺从"。开放灵活，避免一味地要求孩子按照成人的方式做事。减少控制，让孩子觉得很多事怎么做都可以。如果不涉及原则和安全健康的问题，尽量多顺着孩子（参见第二章第9节，了解为什么要顺着孩子），避免权威式的教养方式。

不过，"多顺从"不代表"都顺从"，而要顺从有度。在第一章提到的"孩子想，我不想"这类冲突中，即孩子的要求与成人的基本需求产生矛盾的情况下，家长可以试着平衡两者的需求，让自己和孩子都各退一步，部分地满足双方的需求，而不是完全满足其中一方而牺牲另一方，以此做到顺从有度。当然，如果你实在做不到适当地让步，偶尔拒绝孩子也没关系，不需要每次都勉强自己。其实孩子在冲突互动中会慢慢体会到对方的限度。两三岁的孩子不是婴儿，可以开始学习和体会社会互动中的界限。但是，这不代表家长可以自我中心为上。

7月20日的早上，我和爸爸在楼下正要吃早餐，Kiki下楼时停在楼梯转弯处的小图书角，叫我去给她读书。爸爸说："爸爸妈妈要吃早饭了，吃完再给你读，好吗？"Kiki不愿意。我放下碗筷，上楼去给她读书。读了两本后，根据以往的经验，读三本是停不下来的，所以我事先给她提了醒："再读一本，妈妈就去吃饭了。听，我的肚子都饿得咕咕叫了。你自己看或者去玩儿，好吗？"她说好的。读完三本后，我停下来去吃饭，她自己去玩了，没有矛盾冲突。

在这个例子中，我部分地满足了孩子的需求，只读三本，而不是不停地读下去。同时也表达了自己当下"饿了要吃饭"的真实需求，做出让步读了会儿书后继续吃饭，以此平衡地满足了双方的需求。

遇到冲突，并不一定要非左即右地走极端，要么完全满足孩子的需求，读更多的书，要么完全不满足。这个年龄的孩子，在认知上虽然还没达到能换位思考地体恤他人，但是成人应该让他们了解别人的需求。

如果孩子读了三本书后不肯停下来，怎么办？还继续顺从吗？如果像上例中已经说好了，这本读完就不读了，孩子要是反悔，我一般就不会继续顺从了，因为已经有约定了。她如果哭闹起来，我就会用一些第七章里的策略，支持她体验冲突，并调节情绪。

到 Kiki 三岁多的时候，我发现当我俩的需求发生冲突时，她通常会让我做我要做的事，而不强求我去满足她的需求，也不走另一极端，完全满足妈妈的需求而压抑自己的需求。

自己看起书，等妈妈刷完牙

7 月 11 日早上，我正要去刷牙，Kiki 看到卧室门口栏杆上有本路易斯·海的绘本，就让我给她读。

Kiki：妈妈，我想让你给我读这本书。

妈妈：现在不行，妈妈要刷牙。

Kiki：等你刷完？

妈妈：好的。

说完我就去刷牙了。她自己认真地看起了书（见照片）。等刷完牙，我走过去跟她说："妈妈可以给你读书了，谢谢你耐心等待！"

类似这样的例子，不胜枚举。整个互动自然顺利，不带任何负面情绪。我觉得这得益于两三岁时，我在亲子冲突中，实践"少控制，多顺从"并且"顺从有度"的原则。她在这样的冲突互动练习中，由于常被顺着赋能，而满足了自我发展的需求；也因为很少或不被控制，而自然地不会反过来控制家长。冲突因此而减少，彼此的互动也轻松很多。

有些育儿书会建议两三岁开始管教孩子遵守规矩，不可以太顺着他们，认为这个年龄段是建立规则的关键期。于是很多家长就开始纠结"到底要不要多管教而少顺从？""如何把握顺从这个度？"。关于控制与顺从，或者说自由与约束的问题，在实际生活中的各种纷繁复杂的具体情境中，的确很难把握。该问题会在第五章进一步讨论。

2. 放下意志与权力之争

这点跟上一点讲的顺从有关。其实很多时候的矛盾冲突，是由个人意愿不同或者权力之争引起的。事情本身对孩子并没有安全的威胁，也没有违背规则，即对孩子的身体健康和心理发展不造成不良影响。

有一天下午的点心时间，妈妈给帅帅切好了苹果，准备了叉子吃苹果。可是帅帅要用筷子插进苹果，再举着筷子吃苹果。妈妈不同意，一定要让她用叉子吃苹果，因为妈妈不喜欢帅帅用筷子插着吃，怪怪的。而且妈妈觉得帅帅事情真多，吃个苹果那么费劲。因此引发了一场大哭大闹的冲突。

类似的意志之争也在我们家发生过。6月9日那天，Kiki要在她的水杯里放冰，我同意了，但只让她放一块冰，因为我不喜欢她喝冰水。Kiki不肯，要多放冰。爸爸说这是"我"在制造冲突，他说放一块还是多块冰，没什么大不了的。我觉得他说得有道理，我不让她多放冰只是因为我个人的主观意志与她不同，如果说我担心她喝冰水对身体不好，其实这么喝一次也不会有问题。说白了，我没有理由因为这件事跟她发生冲突，除非进入无意识的意志之争。于是我立马妥协了，避免了一场哭哭闹闹的大冲突。

记得很多年前在澳大利亚，参加我的科研项目的一位爸爸，如果他三岁的儿子不按照他说的做，这位爸爸就会跟他说："你得听我的话。"还有些家长要求孩子服从自己的要求，却说不出原因，而只是怒气冲冲地说："因为这个家，我说了算！"更有甚者，只要一遇到孩子的行为不符合自己的喜好和意愿，立马就进入大吼大叫的状态，试图用这个气势，压倒对方。类似的权力之争引发的冲突，不胜枚举。亲子之间是去压孩子，夫妻之间是去压配偶，不同的关系，却用同样的互动方式，还可能代代相传。

要避免意志与权力之争引发的冲突，一个很简单的方法，是在回应孩子之前，做一个快速评估，问自己："我为什么要让孩子这么做？"如果说不出合理的原因，或者答案是"我喜欢"，就可能是意志和权力问题。还可以换位思考，站在孩子的角度看问题："哇，用筷子插着苹果吃，很新鲜很有趣！""给水杯里放很多冰，貌似很好玩。这不就是孩子用自己的方式探索世界吗？"这个评估和思考的过程，几秒钟的事，有助于改变我们的回应方式，避免不必要的冲突。

在冲突当下，能意识到去做这个闪电评估，也许并不容易，需要我们平时多练习。要先意识到，才能放下意志和权力之争，不让自己压过孩子，给孩子赋能。

3. 给孩子决策权和主动权

我和 Kiki 的爸爸经常在日常互动中，见证第二章描述的三岁危机特征。平时不知道有多少次，只要我们决定要 Kiki 做什么，她就不会服从而跟我们对着干。如果让她决定，就会避免很多矛盾冲突。所以，赋能预防冲突的另一种方法，就是把决策权和主动权交给孩子。

平时看视频，我们会在打开视频前问 Kiki 要看几分钟，由她决定。她一般都会说八分钟（所以我们不担心她会说二十分钟这些比较长的时间），这个数字似乎是她很小的时候，从绘本阅读里学来的第一个会说的数字。如果孩子还不会说数字，可以问他："看五分钟还是六分钟？"以此给孩子提供掌控感并赋能。接着，请她动手在手机上设定闹钟。时间到了，等待她的反应，或者用好奇的表情提醒她："哟，什么声音，我们要做什么了？"请她告诉我并决定把手机递给我，而不是来一句"好，时间到了，不看了"，更不会马上伸手去拿她手里的手机。

这案例中整个互动的过程，处处都给孩子决策权和主动权。这个赋能的做法，帮助 Kiki 更好地管理自己，避免了很多冲突。

7 月 10 日中午，我烧好饭，又累又饿，正想去吃，Kiki 要我陪她玩餐厅的角色游戏。我很不乐意，于是就真实地表达了自己的想法："妈妈非常饿，想吃饭，不过可以陪你稍微玩一会儿。你来决定玩几分钟好吗？"她一如既往地说八分钟。我按她说的定了闹钟。时间快到时，我提醒道："一会儿时间到了，妈妈就去吃饭了。"跟她说了两遍。她点点头。后来时间到了，虽然她看上去不愿意让我离开，但是我走了也没怎么样。

读到这儿，也许有人会问，为什么孩子不一起吃饭？原因是，我把决策权交给她了，她自己决定什么时候过来吃饭。午饭好了时，我只是告诉她，可以吃午饭了。因为当时她忙着玩餐厅游戏，我就没有继续打扰她，更不会去强迫她一起吃饭。大部分时候，我们开始吃了，她如果不是玩得过于投入，就会很快自己主动过来一起吃。如果玩忘记了，不过来吃也没关系，她饿了自己会要吃的。在这个两三岁的特殊时期，给她多一些自己掌控生活环节的机会，避免了很多不必要的冲突，还有助于自主性的发展。实践证明，她后来的用餐习惯很自然地跟我们一致，一日三餐，很有规律，并没有出现一些育儿书上说的，三岁前不做好规矩，就会很糟糕的现象。

4. 提供选择

提供选择是一种有限地给孩子提供决策权的方法。

Kiki 两三岁的时候，很让我们头疼的一件事，就是她有时不肯穿衣服。有一个夏天的清晨，起床后 Kiki 又不肯穿衣服。我知道如果我们叫她穿，会引来更强烈的拒绝。后来爸爸想了个办法，不说"过来穿衣服"，而是准备了两套衣服，给她选："Kiki 喜欢穿哪套？"只见她饶有兴致地选了一套，高高兴兴地穿上。

11 月的天，Kiki 经常不穿袜子，光着脚在冰凉的地板上走。在美国加州，很多孩子在家常年光着脚或穿短袖，只要孩子们不觉得冷，家长就不会让他们穿更多衣物。我有个中国人的传统观念，认为脚底心受凉对身体不好。所以我希望 Kiki 在冬天如果不穿鞋，至少穿双袜子。我知道直接劝她穿很可能会激发她的对抗。我正在想怎么办时，爸爸来了，手上拿着一双袜子和一双秋冬在室内穿的鞋，问 Kiki 要穿哪双。她马上选了鞋子，很顺利地穿上了。一场可能的矛盾冲突，就这样被避免了。当然如果她还是不穿，我们就会随她去，并不会强迫她穿。

在以上两个例子中，用提供选择的方法，给孩子赋能，预防冲突。爸爸提供的两个选项中，虽然都是我们自认为对孩子好的，但是给孩子提供了体验自主选择而不是成人让他干什么就干什么的机会，即，赋能。这有助于孩子发展自我以及自主性。

5. 提供自我服务和服务他人的机会

自我服务和服务他人，是孩子独立自主的需求表现。平时让他们参与家务活动，是满足这个需求而避免冲突的好时机。

第二章里提到的洗碗，就是个典型的例子。放手让孩子去做，收起像帅帅妈妈那样的不放心和各种顾虑，不要觉得孩子还小，不会做，而要信任他能行。事实上，我们往往会低估孩子的能力。蒙台梭利教育里就非常注重孩子参与真实的生活活动。哈佛大学长达七十五年的格兰特研究发现，儿童早期做家务之类的杂活越早开始越好，它会影响未来专业上的成功。

此外，家长还要警惕自己的"私心"。很多时候我们会怕麻烦，觉得孩子洗完可能会弄得一塌糊涂，把衣服弄湿，水珠乱溅，把碗打破等，给家长增添工作量。有私心很自然，也可以理解。但是如果因此而剥夺孩子体验和探究生活的机会，你愿意吗？

最后，关注过程，而非结果。碗洗得是否干净并不重要，是否把碗打碎或弄得一塌糊涂，只要没伤到人，也没太大关系。关键是，我们要能看见孩子独立的需求，并给予理解和支持。同时保护"我要洗碗"的主动性，避免用各种方式拒绝孩子，或者让拒绝成为常态，给孩子带来挫败感，阻碍其主动性的发展。也要警惕无意中包办过多，引起冲突。

Kiki 准备淘米，帮忙做饭

在我们家，除了满足 Kiki 的洗碗需求，我们会给她提供为全家人做饭的机会，服务自己和他人。虽然两三岁的孩子还不会烧饭，但却是个很主动的小帮手，她会要求淘米、剥豆或敲开鸡蛋并搅拌等，乐此不疲。坦白地说，要放下各种抵触情绪，答应让那么小的孩子敲鸡蛋并搅拌鸡蛋，并不是件容易的事。她经常是要么把整个鸡蛋掉进蛋液里，要么搅拌时蛋液四处飞溅，弄得一塌糊涂。我现在回想起来还有那么点惊魂未定。但是，再"惊魂"，也得稳住，让孩子干！饭做好了，我会当着全家人的面，感谢她帮忙做饭。而她的脸上，会洋溢着浓浓的满足感，似乎在告诉我们：我能做很多事！

你是要看到这般自信的脸，还是要拒绝孩子跟他冲突一场？

第 3 节　方法三：把握当下

把握当下，即用心投入地和孩子在一起，不想不做其他事。这个要求很高，有时也似乎不太切实可行。不过，不需要每时每刻都做到这样。只要每天花点时间就行，可以是短短几分钟，或者更长，视实际情况而定。

我感触特别深的是，如果我工作很忙，经常脑子被工作占据着，跟孩子在一起时，就会缺少耐心，容易发生矛盾冲突。而这些，在当时可能是无意识的。

记得有一次带 Kiki 睡觉，按照惯例，我预计她大概 8：30 睡着，接着我就可以干我的工作。可是她那晚出乎意料地闹腾，折腾到很晚还没睡着。眼看着工作计划要泡汤，我心里一下子着急起来。我可以感受到自己的情绪，对她说话也少了几分温和。幸好爸爸及时过来接替我，才不至于让我失去耐心，避免一场可能的冲突。

把握当下，还包括享受与孩子的互动，而不是责任式地被动陪伴，潜意识中带着"我在带孩子"，或者"我在管孩子"的意念。这种完成任务般的状态，容易令人烦躁并引发冲突。

6月的一天，我发现我和Kiki的冲突比往常少了很多。为什么会这样？因为我成了她真正的玩伴，和她一起投入到各种活动中，自己玩得很开心，丝毫没有在带孩子陪玩的感觉。我的这个投入且愉悦的状态，直接影响到Kiki的状态，她忙着玩，基本没时间提各种要求，比如想要吃甜食或看视频等。再者，这种平等的位置关系，也减少激发Kiki危机特征的可能，间接地避免了冲突的发生。

如果父母能把握当下，将其作为跟孩子相处的常态，不仅在孩子两三岁时，能避免很多亲子冲突，而且有助于发展出**亲子之间的深度情感联结**，这种联结，就是我以前听说过却无法理解的那种"母子连心"的神奇感觉。它是高质量亲子关系的核心，能为孩子奠定坚实的社会关系和幸福的基础。反过来，这种联结给孩子带来安全感，间接地为亲子互动提供了舒适放松而不容易起冲突的心理背景。

英国儿童心理学家和精神分析学家威尼科特（Donald Woods Winnicott）提出了"足够好的妈妈"的概念。他认为，一个足够好的妈妈，可以让孩子免受各大心理疾病的折磨。虽然我个人认为这是不够的，因为我希望家长还能为孩子创造更多学习和发展的机会，但事实上，很多家庭有意无意地给孩子埋下心理问题的种子，或者用不正确的方式，阻碍孩子的发展。比如疏离与不投入，使孩子经常有意无意地处于被家长应付的状态。这种缺爱的环境，无法与孩子建立深度联结。遗憾的是，不是所有家长都能意识到人与人之间深度联结的重要性。

Kiki爸爸有段时间很投入地工作，让我不由自主地感到：他的大脑总是被什么占据着，看不见周围人的存在。而他这个人对我来说，虽然同在一个屋檐下，吃住一起，却有些陌生。于是我就跟他说："我感觉跟你失联了。"他顿时醒悟，跟我说："是我做得不好，最近的确是下班时间也总是想着工作。"试想如果我不跟他表达，或者没意识到这种不舒服的失联感，日积月累，这种感觉就可能不知不觉地被迁移而用变样的冲突方式表达出来。

而两三岁的孩子，是不会像成人那样意识到问题并去沟通的。于是，失联的感觉让孩子不知不觉变得脾气暴躁，冲突频发。而成人会觉得他们在无理取闹，或者不可理喻。从小失联的亲子关系，还可能导致青少年时期的诸多亲子问题以及成年后的婚姻问题。

记得有段时间我在家给研究生在线上课，刚开始那天，Kiki 突然冲进书房，爬到我身上，让我没法继续讲课。我对这样的打扰非常不习惯，感觉很有压力。爸爸试图把 Kiki 带走，可她大哭大闹。即便爸爸跟她说了很多次，不能打扰妈妈上课，也无济于事。

这时，也许我们作为牛哄哄的成人，会简单粗暴地给孩子扣上"不乖"或"不懂事"之类的帽子。我当时也觉得她烦人。

然而，这样的冲突发生了几次后，我突然意识到是我自己做得不好。想想我最近工作特别忙，虽然整天在家，却要么对着电脑，要么心不在焉地陪玩，无法满足她想跟妈妈联结的自然需求。

于是，当 Kiki 再冲进书房时，我会心平气和地马上停下手中的工作。如果是在讲课，我就跟学生说："对不起，打断一下，我的女儿来了。"然后我问 Kiki："你想跟大哥哥大姐姐打个招呼吗？"三岁的孩子有时不会直接用语言回答我，她看看屏幕里的学生们，笑一笑。学生们看到她，会主动跟她打招呼，微笑着很喜欢她的样子，丝毫没有上课被打断的不高兴。我接着跟她说："妈妈要继续上课了，再见？"同时跟她目光对视，习惯性地抱着她亲一亲。她就很满足的样子，离开了。这整个过程就一两分钟，开心地完成，没有以往的大哭大闹。后来她习惯我在家上课了，就不会再过来打扰。

如果我在工作但没在上课，她过来往我身上爬的时候，我就会主动伸手去抱她，同时赶紧把我的思绪和注意力调整到她身上，说："来，妈妈抱着宠一会儿？"她似乎也感受到了我的转变，于是就放松地依偎在我怀里，有时会闭上眼睛，很享受的样子，而我会亲亲她的额头。如果她睁开眼睛，我会充满爱意地看着她的眼睛，摸摸她的脸，她通常会很满足地微笑。一般这个时候，爸爸已经过来了，他会建议 Kiki 跟他一起出去玩儿之类的。Kiki 就会很快从我身上下来，开开心心地离开。这个一两分钟的"打扰"，不但避免了以往的哭闹冲突，还满足了孩子与妈妈情感联结的需求，我自己也很享受、放松。而这个功劳，得归于"把握当下"，投入的本身就是爱！

所以，工作再繁忙，也可以做到跟孩子建立深度的内在情感联结。除了本身有心理问题没处理好的成人外，所有包括爷爷奶奶或外公外婆等养护者，都能与孩子建立这种联结。关键在于跟孩子一起的有限时间里，能否用心投入，把握当下。

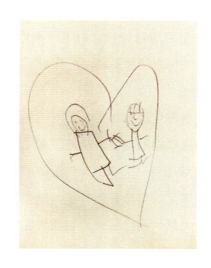

第4节　方法四：第三助手

让孩子停止看视频，是亲子互动中一个很普遍的挑战。由于两三岁孩子有违拗等危机特征，直接叫停的方式容易引发冲突。所以，除了成人和孩子双方之外，可以尝试用第三方助手来避免冲突。这个第三助手可以是任何一种客观存在的有效工具，比如，现代技术，这种方式对两三岁的孩子来说，比人为的干预能更轻松地避免冲突。

Kiki 两岁后开始接触视频，视频对孩子的吸引力之大，经常是看上就停不下来。记得有一次看《小猪佩奇》，时间到了她还要继续看。我们不让看，她就大哭。后来我会在她看屏幕之前，借助第三助手——闹钟。但是闹钟并不是每次都能帮上忙。因为闹钟响了，如果动画片还在继续，那个画面会让孩子欲罢不能。如果我们把屏幕关了，会让她感到被我们控制，而激活她的危机特征，发生哭闹。

后来 Kiki 的爸爸建议换一个助手，用优兔儿童（YouTube Kids）。这个手机应用要由成人做一道简单的数学题才能打开，打开后可以设置看视频的时间长度。我们一般会请她说时间，给她决策权。当设定的时间到了，屏幕就会切换到一个固定不动的画面，原来的动画片不再播放。用这个助手，我们不需要人为地介入去控制时间和关闭动画片，一切都由第三方助手自动操作，不会让孩子感到是被成人操控，不容易激发违拗等危机特征。

不过一开始用这个助手时，Kiki 有时会不高兴，屏幕停止了要让我们继续放。我们说打不开了，要等十分钟才能继续，因为它想让你休息一下眼睛，看太久眼睛容易坏。这种解释，她一开始虽然会抗拒，但是一两次后，她就明白了。而且不能马上继续打开看，也不是由我们控制。几次后她就接纳这样的事实了。后来用这个助手，虽然偶尔会再出现矛盾，但基本没问题了，几周后，就很稳定了。每次屏幕一停，即便她正看到精彩的地方，也会很自然地放下并离开。

大概过了八九个月，我发现这个外在的助手，居然自然地成了 Kiki 的内在约束。有很多次，我们忘记在 APP 上设置时间就打开动画片了，大概看了八到十分钟，屏幕没有自动停下来，Kiki 居然主动问我："妈妈，几点了？"估计是平时习惯性地看八分钟，调好了她的生物钟，能感觉时间到了。

我看了时间，好像已经过了八分钟。但因为我自己也没有记录，我就问她："你还想继续看吗？妈妈刚才忘记定时了，估计已经过了八分钟了。"她有时会告诉我，把这集看完（大概再过一两分钟），有时会马上停下来说："不看了。"这种情况下，我一般会跟她再确认一下："确定不看了？"她会很肯定地摇摇头，然后离开。

Kiki 三岁的一个下午，我在家办公，突然听到闹钟声，接着听到 Kiki 大叫爸爸。我闻声出去，原来是刚才她在看动画片，时间到了，叫爸爸关电视。那个自觉！

虽然这次用的是闹钟，但是效果跟手机 APP 一样好。当孩子把规则内化后，似乎用什么当第三助手就不重要了，而且在看视频这件事上，她一直都非常自觉。我后来建议她不再定闹钟和 APP，想看多久就看多久，可是她自己要求定。快四岁的时候，难得有两次她同意看动画片时不用任何助手，我非常好奇她多久会自己停下来，于是在另一个房间悄悄给她计时。我猜她可能会忘记时间而至少看半小时。结果却发现，她每次都只看了十五到二十分钟。

她周末或假期每天看三四次视频，每次八分钟，一共半小时左右。偶尔有几天会多看点，但一般不会超过五次。很多时候整天完全不看视频（其实适当看动画片挺好的）。

她在视频这件事上控制力的发展，印证了发展心理学的理论。维果斯基认为，儿童发展的过程是从外在的社会冲突，到内在的自觉要求。也就是说，我们要求她不能无限制地看视频，这跟她一开始想不停地看视频形成冲突，而这个冲突，是自控力发展的开端。通过很多次冲突练习，借助第三助手的方法，慢慢将冲突中的要求，变成了内在的自觉要求。这个过程需要我们耐心积极地帮助孩子度过。

写到这里，我想起最近风靡的自由派的做法，就是给孩子完全的自由，不加干预。也就是说，在看视频这件事上，随孩子怎么看，自己看累了就会停下来了。这个方法，对大一点的孩子也许可以，但是，我不赞同将它用在这么小的孩子身上。对，看累了孩子是会停下来，但那会是多久？这可能影响他们的身体健康。当然，如果你觉得多看点视频没什么大不了的，也不在乎过多的屏幕时间会影响孩子健康、阻碍其大脑发展，就可以不去干预。相反，如果很在乎，还是那句话：自由和约束是双胞胎，平衡很重要。

除了视频之外，洗手，也经常发生矛盾冲突。关于洗手，前面提到了"提问法"。此外还可以用第三助手预防冲突。这个助手可以是贴在进门处墙上的卡通洗手图标，从外面玩回来进门时就可以看到。也可以模仿某个孩子喜欢的小动物的声音，比如，鹦鹉说"洗手，洗手"。把这个声音用手机录下来，要洗手前打开播放，然后问她："谁在说话？""它在说什么？"这样营造一个幽默轻松的氛围，孩子就会主动去洗手了。当然，如果不洗，可以尝试第七章的其他策略。

养育儿女是一件创造性的工作，发挥创造力，找到其他合适自己孩子的第三助手！选择助手时，最好是那些机械性的或自动的东西，看上去不以大人的意志为转移的物品，避免激发孩子的违拗等危机特征而引发冲突。

第 5 节　方法五：中断冲突链三步骤

乐乐的妈妈看到乐乐笑得阳光灿烂的照片，跟她爸说："宝宝真是个开心的孩子。"爸爸说："她以前很开心，最近跟你矛盾太多了。多吃点甜食又怎么了？跟别人比已经很少了。你得放松点，不要太频繁地跟孩子起冲突。"乐乐妈妈回忆了下，的确是，有时一天中冲突会接二连三地发生五六次，而这样的日子，会连续好多天。

我把这种连续频繁发生的冲突，叫作"冲突链"。如果遇到这种情况，我们要有意中断冲突链。因为频发的冲突和负面情绪体验，会给孩子和全家人带来过多的压力，可能影响孩子的身心健康和大脑发育。而如果整个人生早期，孩子都沉浸在这样的冲突和压力中，便容易形成紧张的人生基调。

要中断冲突链，可以采取三步骤：接纳、授权和满足。接纳是对孩子提出的要求说"是"，而不是动不动就回绝孩子"不行，不可以"。接着授权，类似于前面谈到的赋能，给孩子决策和选择的机会，再予以满足。

乐乐傍晚从幼儿园回家，要吃山楂片，这是她最近喜欢吃的甜食。妈

妈说"好的"（接纳），并问她要吃几片（授权）。她不知道自己要吃几片，妈妈就问她三片怎么样？她说好的。妈妈就给了她三片（满足）。吃完山楂片，乐乐要吃冰激凌。以前妈妈一般不会同意她连续吃两次甜食，这次很爽快地同意了（接纳），给她吃冰激凌（满足）。

乐妈说自己用了三步骤的那天，感觉一下子放松了很多，全家人也都松了口气。可是，乐乐的初中生姐姐对此很不解，问妈妈为什么都顺着乐乐。妈妈说因为最近冲突太多了，需要休息一下。姐姐问："休息多久？如果乐乐每次都得到她想要的，她今后就不知道怎么管住自己了。"乐乐的爸爸说："你说得很对。但是，我相信乐乐今后能管住自己。"

我赞同乐爸的观点。埃里克森和其他心理学家认为，经常否定孩子会不利于他们自主性和其他优良性格的发展。两三岁这个特殊的危机期，不适合有太多的冲突和挫败体验。过了这个阶段，慢慢增加自我管理和约束的练习也不迟。

本章讨论了五大冲突预防法，包括艺术地提要求、赋能五法、把握当下、第三助手和中断冲突链三步骤。下一章讨论三类常见的冲突回应以及它们对儿童发展的影响。

Chapter 5

第五章

三类冲突
回应与儿童发展

在日常冲突中，两三岁的孩子经常会用哭闹的方式表达自己而试图达到目的。面对孩子的哭闹，成人大概有三类常见的回应：起反应、妥协和不动心。这些不同回应，会影响孩子的情绪管理能力和未来社会能力的发展，甚至是性格的形成。本章解读这三类回应及其对儿童发展的影响。

第 1 节　起反应型回应

有位妈妈跟我说: "我老公, 其实很爱孩子, 可是宝宝一吵闹, 他就没法子, 只能提高音量, 想在气势上压倒孩子。这样一来, 孩子只会哭闹得更凶, 于是就少不了一场战争。"

这位妈妈描述的爸爸对孩子吵闹的回应方式, 就是典型的起反应型回应。这类回应, 是指成人被孩子的不理想行为或情绪激发了自己的负面情绪, 并用消极的方式回应孩子。最常见的就是提高嗓门儿吼或打骂孩子, 或用其他粗暴的方式做规矩。这些回应往往会导致情绪激烈的场面, 让冲突升级。

在我的零到三岁儿童发展研究里, 不论是哪个种族和文化背景的家长, 都有很多起反应的冲突回应。请看下面一则我与国内八〇后妈妈的访谈片段,《打骂与做规矩》:

家长：你们带宝宝是不是从来不打不骂的啊？我们孩子性格比较犟，自己主意大，为此，从小没少挨打。但是我发现，骂孩子，打孩子，只会让他模仿大人的行为，脾气变得更倔。

作者：是。

家长：我们爸爸没什么耐心，对教育也不太懂，很容易"上火"。老一辈的说男孩子一定要规矩，你不知道我们那些同事，还用牙签戳，做规矩。

作者：令人震惊！觉得这都是几十年前的事，居然现在还这样。

家长：哈哈哈，那太多了。比如我们孩子小时候吃饭喜欢用手抓，不想吃了就用手捏，弄得脏兮兮，我们就会打他手。这段时间在老家待，他特别黏我，我去洗个澡都要吵闹，外公外婆去劝他，陪他，他就哭着说："外公走开，外婆走开。"有时候还会动手打外公外婆。这种时候我就会给他做规矩。

作者：嗯，怎么做规矩？

家长：一般都是打屁股或打手心。

上例中，"上火""骂""打屁股"和"打手心"等回应，都是起反应型回应。不是不可以做规矩，但是用粗暴的起反应型回应做规矩，不妥。学者费布斯等人从情绪的角度，把类似的起反应型回应称为非支持型反应，还将它细分为三种类型，包括痛苦反应（distress reactions）、惩罚性反应（punitive reactions）和最小化反应（minimization reactions）。

痛苦反应，是指父母在冲突中应对孩子的负面情绪时，流露出自己的负面情绪。比如上例中父母对孩子发火，或者把自己因为其他事情带来的负面情绪，转移发泄在孩子身上。很多时候，我们可能并没有意识到这样的情绪转移和表达，误以为是孩子使我们的情绪变得糟糕而大发雷霆。

惩罚性反应，是指父母谴责、训斥或惩罚孩子的负面情绪。在我做研究去不同家庭观察日常亲子互动时，经常会遇到家长很不耐烦地训斥不停哭闹的孩子："哭什么哭，别哭了！"上例中，当孩子哭闹着让外公外婆走开而被打，也是典型的惩罚性反应。

　　最小化反应，是指家长**轻视孩子的负面情绪**，对此表达出**不屑一顾的消极反应**。他们认为孩子的负面情绪表达是过度反应，没有必要。习惯最小化反应的父母，更有可能培养出悲伤和不安的孩子。

　　4月16日那天，Kiki 晚饭后要换短袖和短裤。因为马上就要洗澡了，我觉得脱来换去麻烦，就问她："要不现在去洗澡，明天起床再穿短袖和短裤？"她不同意，要立刻就换。当她正高兴地要去卧室拿衣裤，爸爸似乎没听见我们刚才的对话，问了一句："要不现在去洗澡，洗完了再穿短袖和短裤？"这一问，引起 Kiki 突如其来的激烈反应，她开始大哭大闹拒绝。我虽然理解她因为没午睡，到晚上 7：00 就会因为困而情绪暴躁，但还是觉得她这样的反应有些过激。于是就说："Kiki，爸爸只是这么一问，又没不让你换，你不需要这么大哭大闹，这样有点 overreact（反应过激）。"我这么一说，她就哭闹得更厉害了。

　　我当时的回应就是对 Kiki 负面情绪的最小化反应。这样的回应，并无益处。其实在孩子的世界里，并不存在是否过激的反应，所谓的过激，都是成人的判断罢了。更何况，这个年龄的孩子具有感知、情绪和行动统一的心理特点，听到不顺心的就会有情绪，一有情绪就会用哭闹等行为表达出来。

　　在实际生活中，我们不需要细分不同的起反应类型，只要了解了，在当下能意识到它就可以。从"意识到"开始，慢慢地改变行为，做到不再起反应。

第2节　起反应型回应，有何不妥?

很多家长在日常实践中已经发现了起反应型回应并不合适。到底为什么不妥？它对孩子的发展有何影响？

首先，起反应型回应容易激化亲子冲突，于事无补。

上节访谈中提到的爸爸，他一"上火"，往往会激发孩子更多的负面情绪。在带有强烈情绪的冲突中，孩子的大脑处于兴奋状态，无法处理父母的信息。这就是为什么很多时候，即便父母吼了很多次，可孩子怎么也听不进去而继续"犯错"。对于两三岁的孩子来说，还有激发他们的危机特征导致其越加对抗的情况。这个"继续犯错"，又会进一步激怒父母，恶化冲突。

其次，起反应型回应为孩子提供了应对冲突和表达情绪的负面示范。

正如上文访谈中的家长已发现的，孩子学会了用打骂的方式对待成人。长此以往，有可能去了幼儿园，孩子会用暴力方式处理同伴冲突。长大了进入婚姻，也有可能用这种方式处理夫妻之间的矛盾。等有了孩子，可能打骂孩子。有研究发现，小学三四年级霸凌和被霸凌的孩子，通常在三到五岁时就经历了被虐待和父母亲之间的暴力，并有一个对他们进行严格纪律管教和暴力做规矩的怀有敌意的家长。

此外，很多心理学领域的研究发现，长期的起反应型回应，会使孩子产生强烈的负面情绪以及薄弱的情绪表达和调节能力、社会能力和注意力，并有可能产生不同的心理问题。

起反应型回应往往带有负面情绪。长期暴露在父母的消极情绪中，不但会让孩子难以形成充满积极情绪的人生基调，从而进一步导致他们缺乏社会能力，还可能会使尚未发展出很好的情绪调节能力的孩子受到过度的刺激，而自小形成敌对式的情绪模板，对社会互动中的人事反应失调。

艾森伯格和费布斯的研究发现，那些在经历自己的负面情绪时，还要经常面对母亲的痛苦反应的孩子，更有可能产生强烈且消极的情绪，并在发怒时，不太会表达情绪。另一类孩子，如果他们的母亲经常用惩罚性或最小化反应，他们可能会发展出低注意力和低控制力，以及高负面情绪。这些孩子在愤怒时，更倾向于逃避而不表达情绪。

不表达的情绪，如果事后不处理，就会被压抑。压抑负面情绪，与情绪失调、不良社会能力以及抑郁和焦虑等心理症状相关。这种关联性存在于不同国家和文化及各种年龄段的儿童中。父母长期发火、训斥和否定情感表达，孩子会慢慢地压抑负面情绪。这些没有被处理的情绪不会自己消失，而是会一直待在心底。当孩子长大到青少年或成人时，这些负面情绪会被童年类似的经历激活。于是他们就继续用不同的方式压抑痛苦的情绪体验。压抑情绪，即是逃避情绪。很多超级"工作狂"，往往心底有很多长期压抑的负面情绪，试图在疯狂工作中麻痹自己而逃避情绪。

起反应型回应还会破坏健康的亲子关系。如果在冲突中父母通过打骂等暴力方式，迫使孩子遵守成人的意愿，这样的服从，是服从父母的外在威严，而不是认同内在的价值观。所以说，起反应型回应会阻碍孩子接纳和内化父母的价值观。此外，起反应型回应给孩子的信息是：在父母这里表达需求和情绪是不安全的。这又会阻碍良好的亲子沟通和亲密亲子关系的发展。有很多青少年的父母抱怨孩子不跟自己沟通，亲子关系冷淡。殊不知，不良的亲子关系形成非一朝一夕，很多问题都能追溯到儿童早期的亲子冲突回应。

概括地说，长期频繁的起反应型回应，不但会激化当下的矛盾冲突和负面情绪，而且会影响孩子未来的人格发展和心理健康，以及和谐的亲子关系的建立。成人的幸福或痛苦，很大程度上根植于童年的情感经历，比如，你的父母如何回应亲子冲突？你如何表达负面情绪？如果我们现在就知道自己对孩子的冲突和情绪回应，事关他们未来的发展和幸福，我们是否会随意处置？如果不会，那该怎么更好地回应？就像上文访谈中的家长提到的，发火是因为"没法子"。本章第 5 节会给出答案，并在第七章提供十二种具体的方法。

第3节　妥协型回应

除了上节的起反应型回应，**"万事顺着孩子，毫不设限"**的妥协型回应，也经常在亲子冲突中出现，特别常见于宠溺孩子的家庭。比如，家长不制止孩子一发火时"就打人"或摔东西。还有些家长下班累瘫了，懒得闹，凡事顺着孩子，图省事儿。有些家长在妥协之前，先有起反应型回应里的惩罚性反应和最小化反应，否定质疑孩子的哭闹："为什么动不动就哭！""哭哭哭，就知道哭，有什么好哭的，烦死了！"抱怨一通后，就不情愿地满足了孩子的要求。这些不设限的妥协，有碍孩子的自我情绪调节能力和社会能力的发展。

妥协型冲突回应方式，是放任型家庭教养方式的一种表现。放任型的家长，有两个关键特点：温暖且会培养孩子，但缺乏给孩子设限或提要求。家长对孩子的不良行为，视而不见；当孩子引起某件事的骚动时，家长就会屈服；用玩具、礼物或食物贿赂孩子，以使他们遵守自己的意愿；行为规则或标准很少且不一致；注重给孩子自由而很少要求承担责任和后果。

来自放任型家庭的孩子，他们的自律和责任心不及恩威型家庭的孩子强，还有可能发展出羞愧感。羞愧是一种觉得自己很糟糕的情感体验。过多的羞愧不利于孩子健康自我的形成。很多家长抱怨自己的孩子不自信或者没什么自尊心，可能跟羞愧这种情感的发展有关。

有一种变相的妥协型回应方式，貌似家长在制止孩子的不当行为，但是没有成功。家长不停重复同样的应对方式，到后来就随他去了，而不采取其他措施，请看下面"图书馆的绘本故事会"一例。

4月20日上午，我和Kiki去图书馆听苏珊阿姨讲故事。这是每周六由图书馆组织的社区活动。我们到的时候已经有三个男孩和他们的妈妈在了。大的男孩看上去有四五岁，两个小的双胞胎大概两三岁。其中一个坐在妈妈腿上。妈妈看上去很和善，我们微笑地打了招呼。

我们在里面大概待了四十五分钟。跟往常的经历不同的是，这三个男孩坐不住，不停离开椅子，要么随便走动，要么频繁地走到讲故事的苏珊阿姨跟前，偶尔指着书中的情节，问问问题，或摸摸她的那摞书，或拿起其中一本再放回去。还有其中一个男孩，靠在苏珊的膝盖上听故事。虽然他们不停地动，但是都在听。其间苏珊提醒了两三次，让他们不要挤到她跟前，这样会挡住别的小朋友看绘本。那位妈妈口头让他们坐下，有时会站起来把他们拉回凳子上坐着，但男孩们很快就会离开椅子，挤到苏珊跟前。妈妈重复刚才的回应方式几次无效后，就不管了，直到苏珊再次说："对不起，请你们回到自己的座位上。"并让妈妈把孩子带回座位。最后因为他们要出去吃点心，终于走了，我和苏珊不约而同地对视嘘了口气说："谢天谢地！"苏珊后来告诉我，她在这里讲故事多年，从未经历过这样的场面。她说也许是因为他们第一次来听故事，不知道应该怎么做。

我倒觉得这跟第一次关系不大，很多我认识的第一次去听故事的家长，只要孩子发出一点声音，即便音量不足以影响他人，提醒一两次后如果孩子还继续，就会马上把他们带离故事屋。这位妈妈在应对无效后索性撒手不管，是一种特殊的妥协型回应方式。虽然孩子的行为本身没问题，这么大点的孩子听故事走动很自然，但是在有他人的社会环境中，由于会影响别人听故事，而且让讲故事的人很不愉悦，这就不可以。孩子在不设限的亲子冲突中，很难明白在不同社会场合，他们的行为界限是什么。如果妥协型回应是一种常态，就会影响孩子社会能力的发展，比如长大后也无法与人很好地相处、发展良好的同伴关系。

　　避免妥协型回应的一个难点，就是要在当下的具体情境中，判断是否要妥协，也即如何把握是否顺着孩子的度的问题。这是下节的内容。

第 4 节　妥协与否，如何把握"度"？

在日常亲子冲突中，当我们开始思考"是否顺着孩子"或"如何把握妥协与否的度"的问题时，就意味着离两类极端更远了：一类是动不动就跟孩子说"不"的家长，似乎他们天生就只会这么回应孩子；另一类是上节提到的妥协型家长。由于两三岁孩子的危机及自主性发展等特点，我们得多顺着孩子。但这并不代表事事跟孩子妥协，成为妥协型回应的家长。

判断是否顺着孩子的关键方法之一，就是反问自己："那又怎样？"即，让孩子那样做会怎么样？快速地考虑行为的结果。如果这个结果不妨碍也不伤害任何人、事（包括孩子自己和他人的身体安全和心理健康），一般情况下，就说明可以妥协；反之则不能顺着孩子。

上节图书馆听故事的例子属于社会场合下是否顺着孩子，相对比较容易判断。但是在家里的日常生活的冲突，似乎令人纠结。

比如洗澡，有些家庭习惯于天天洗澡，孩子哪天不肯洗了，家长不愿意放弃，于是只得开战了。我记得 Kiki 有几次不愿意洗澡，随她去就可以了，因为并不会有什么不良后果，更何况后来她自己又要洗澡了。当然，在顺着孩子之前，如果你有时间和精力，可以用第七章中的支持性策略尝试解决冲突。

关于洗手，如果去外面玩，碰过公共场所的玩具和动植物之类的，就必须洗手，怕万一感染病毒。不过我看到过有些孩子在公园的大型玩具上玩得手都黑漆漆的，直接去妈妈那儿拿薯片吃，也没事。但这并不排除感染某些病毒的可能。所以，对这种有可能的不安全事件，可以按照不安全的方式处理，以防万一。但是得事先跟孩子讲明规则，并解释为什么要这么做。让孩子理解这样的规则，再去实施。一旦有了规则，就不要轻易去破坏。

至于吃饭，虽然我们都知道偶尔一顿不吃并不会怎么样，但在实际操作中，很多家庭难以对此妥协。而且关于"怎么吃"，也有很多规则。有些家庭要求孩子从头到尾必须坐在椅子上，寸步不离地在餐桌上吃饭，还必须用餐具不能用手抓。其实偶尔孩子要过来坐妈妈腿上，或是绕着餐桌转一圈，玩一会儿再回来吃，这对他们来说是再正常不过的事，特别是遇到他不喜欢吃的饭菜时。

对于两三岁的幼儿来说，虽然要有规则，但其实不适合太多，因为这会让他们感到受控制而叛逆。如果家长乐意，完全可以没有用餐规则。我们家就一条规则，"在餐桌上吃饭，离开了就不吃"。这条规则简单易行，不会让孩子感到过多的约束。它来源于我个人无法接受家长追着给孩子喂饭。我认为他可以不吃，但不要追着喂饭。不过只要大人乐意，孩子也喜欢被追着喂，就不需要有这条规则，因为这并不会对孩子和他人造成什么伤害。偶尔这样也不会形成习惯，即便形成习惯了，孩子大了也会自己吃饭，所以没太大问题。不过需要注意的是，这个年龄段的孩子由于内在自主性发展的需求，他们会希望尝试自己独立吃饭。如果你很享受喂饭，或者怕清理麻烦而喂他吃以省事，则需要放手去顺着孩子，让他体验独立用餐。

　　还有一点很重要，家长得把"吃还是不吃，什么时候吃，以及吃多少"的决定权留给孩子，因为那是他的身体。极力劝说或强迫孩子吃饭，是不尊重且不信任他们掌控自己身体的能力，属于没有界限、控制孩子的行为。从小给孩子体验照看自己的身体、为自己做决定的机会，不但有助于当下他的独立能力和自主性的发展，也为今后孩子能为自己负责且积极主动地生活奠定基础。就像那些从小被家长"管"大的孩子，到了小学，读书是为父母读，做作业要陪，哪来学习的主动性？

　　Kiki 吃饭时如果停下来不吃了，我会问她："你吃饱了？"她会点点头。我再确认一下："还要吃吗？"如果她说不吃了，我一句也不会劝。很多家长似乎有一句"再吃一口"的口头禅。让孩子多吃饭的心情可以理解，不过多吃和少吃一口，对孩子的身体不会有太大影响，但却是对孩子不信任。有人也许要问了，这么小的孩子，怎么能全让他自己做主，家长当然要负责尽量让孩子多吃一点。如果想让孩子多吃但又不能劝说或强迫，可以在

为自己吃

饭菜上下功夫，比如换种孩子喜欢吃的食物；或者用第七章里的"想象游戏"等策略让孩子主动吃饭。也就是说，家长能做的，是创造条件让孩子主动去做。

Kiki 三岁时一次餐桌上的对话：

> Kiki：如果你不给我看动画片，我就不吃饭。
>
> 我指着她的嘴问：这是谁的嘴？
>
> Kiki：我的。
>
> 妈妈：饭吃进谁的身体？
>
> Kiki：我的。
>
> 妈妈：那你吃不吃饭，跟我有什么关系？这是给我的身体吃吗？谁得照看好自己的身体？

她听完若有所思的样子，继续吃饭。

除了吃饭，还有几类事，一般也不会对任何人造成伤害，但是可能违背成人的意志，而导致他们不愿意妥协。我从自己的研究数据中，选出了十个例子（见下表）。

	孩子的行为	家长的心理	孩子可能的心理
1	把午餐盒当鞋子穿着玩	多不卫生	好玩，好奇，边玩边探索世界
2	冬天穿着不防水的运动鞋在水坑里跳，弄得湿漉漉、脏兮兮	把鞋袜都弄湿了，多冷多脏	
3	冬天要喝冰水	冬天喝冰水对身体不好	
4	要在有地毯的室内灌满水瓶玩水	会把地毯玩湿	
5	用筷子插苹果片吃	费劲！直接用手拿或用叉子吃不是很方便吗	

	孩子的行为	家长的心理	孩子可能的心理
6	开很多瓶酸奶却不吃完	多浪费	好玩，好奇，边玩边探索世界；练习自我
7	不穿其他衣服，一定要妈妈给他找到木工纹样的 T 恤衫	其他衣服不是一样吗	练习自我
8	天冷不肯加衣	会冻坏	没感到冷；练习自我
9	要自己洗碗	会弄湿衣服或摔破碗，弄得一团糟	想要自我服务、独立自主
10	要自己穿衣和穿鞋袜	太费时间了	

除了表格里的十个例子外，还有以下第十一个关于 Kiki 的例子。

7月13日那天，我从车库把一个装满手工材料的整理箱搬到游戏房，Kiki 立马来了兴致，翻起箱子来。她拿出一盒水粉颜料，又看到一张玫红色毛绒纸，要用它包颜料。因为纸的材质不容易粘，透明胶粘上去很快就掉下来。她让我帮忙包了好几次，包好了又掉下来。我那天正好缺乏耐心，不但没有把它当作一个"练习解决问题的教育契机"，反而心里不止一次地说："这有什么好包的，还这么费劲，又不是礼物。"到后来我终于耐心耗尽："宝贝，别包了，这有什么好包的……"接着试图用一些理由劝说她不要包。

如果是你遇到类似上面这些事，会顺着孩子吗？

这十一个例子，以及上文一些日常生活中的例子，多少可见我们在判断是否要顺着孩子时，容易被意志之争或者自我为上占据头脑，而忘记了问自己一句："顺了孩子，那又怎样？会妨碍或伤害任何人吗？"这一问，就会发现，这些事例，基本不会对任何人造成妨碍或伤害，都可以顺着孩子。不过，当下的具体情况很重要。如果顺着孩子跟你的需求严重冲突，可以采取第四章"少控制，多顺从"的平衡方法。一般情况下，特别是控制型家长，可以尝试练习从孩子的角度看问题，尝试多顺着孩子。

重点回放：

练一练：

你带孩子去朋友家玩，朋友已经在游戏区域准备好了孩子玩的各种玩具。孩子玩了一会儿后，去了客厅，开始"探索世界"，好奇地拿取各种物品。这时候，你要顺着孩子，还是制止他？

问自己：顺着他，那又怎样？会妨碍或伤害人？不会伤害任何人，没有安全问题，而且从孩子角度出发，满足他的好奇心，让他体验探索世界。但是，这可能会妨碍你的朋友，也许他就不喜欢别人未经允许随意动他的东西，特别是弄得乱七八糟，令人糟心。所以，要制止孩子，或者带离客厅，除非主人主动允许。

第5节　不动心的支持型回应

正如陈鹤琴先生说的，对待孩子不严厉也不姑息。起反应型和妥协型回应都不可取，比较理想的是不动心的支持型回应。

不动心，不是漠不关心或不作为，而是不上火，平心静气地回应孩子。支持是指抓住教育契机，将冲突化为支持儿童度过冲突、调节情绪并取得发展的机会。苏联儿童与教育心理学家维果斯基说，矛盾冲突是儿童发展的源泉。可是我们本能地不喜欢冲突。要将这种对冲突的不喜欢，转变为积极拥抱冲突，并努力将其转化成帮助儿童发展的机会，这并非易事，对本身情绪容易激动的家长来说，更具挑战性。对很多天生脾气好的家长来说，不动心是本能，很容易做到。但仅仅不动心还不够，很关键的一点，是能同时给孩子提供支持，并能利用冲突，为孩子创造发展机会。

学者费布斯等人提出了三种针对负面情绪的支持型反应，包括表达性鼓励（expressive encouragement）、以情绪为中心的反应（emotion-focused reactions）和以问题为中心的反应（problem-focused reactions）。

表达性鼓励，是指家长接纳并鼓励孩子表达负面情绪。对负面情绪的接纳和表达，世界各地存在很大的文化差异，以及性别差异。我记得从小经常听到的一句话是"男儿有泪不轻弹"，接纳负面情绪并鼓励表达，似乎是件非常不容易的事。因此也就更需要我们在与孩子发生冲突时，能意识到这点。

以情绪为中心的反应，是指家长在回应时，重点关注孩子的情绪，并用一些策略，帮助他们缓解负面情绪。比如通过谈论开心的事或者孩子喜欢的物品，帮助他们高兴起来。

以问题为中心的反应，是指家长在回应中关注问题的解决，并用一些策略，帮助孩子解决问题。比如，孩子因为找不到心爱的玩具而急得大哭时，家长可以赶紧帮孩子找到，或用另一个玩具替代，以此帮助孩子解决问题。

家长在回应孩子的负面情绪时的支持型行为，能促进他们未来情绪调节能力等社交情感的发展。有些追踪研究发现，五岁前经历父母的支持型回应，有助于孩子在小学高年级时拥有更好的情绪调节能力和更少的行为问题。

在冲突中，如何做到支持型回应？

家长选择什么样的回应行为，往往跟理念有关。戈特曼等人提出的两种元情绪理念，即，情绪指导和情绪消除，会影响我们能否做到支持型回应。具有情绪指导理念的人，更容易在冲突中，采取支持型回应对待孩子带有负面情绪的行为，因为他们将负面情绪看作是与孩子建立连接和教育的契机。

相反，具有情绪消除理念的人，顾名思义，负面情绪在他们这儿不招待见，会受到忽视和否定。这类人认为负面情绪会给孩子带来不良影响，应该尽快帮助孩子消除它们，并且让他们明白，这些情绪不重要、不值得关注且不会持续很久，孩子应该不受伤害地去摆脱它们。他们偏爱一个快乐的孩子，当发现孩子的负面情绪和行为时，常常感到无奈和痛苦。他们没有对孩子的情感体验进行有洞见的描述，也没有帮助孩子解决问题。他们不认为负面情绪是有益的，且能借此很好地建立亲密关系，并提供教育的机会。许多具有情绪消除理念的家庭，即便孩子的愤怒表达尚未导致不良行为，也会受到惩罚或宵禁。这些回应，可能会让孩子感到自己有这些情绪很不好，自己是有缺陷的，因此可能发展出情绪控制力缺乏和社会能力不良。

如果你想成为具有情绪指导理念的支持型家长，可以在日常亲子冲突中，实践以下戈特曼提出的五步情绪指导法：

- 觉察孩子和自己的低强度情绪；
- 将有情绪的时刻视为对孩子进行教导或与孩子亲密互动的机会；
- 理解并感同身受地体会孩子的情绪；
- 帮助孩子给情绪命名；
- 限制不良行为，并与孩子一起解决问题。

举个例子，爸爸下班回家时，忘记早上答应过帅帅要买冰激凌给她了。虽然爸爸跟帅帅道歉了，可她还是不高兴地哭了。如果你是帅帅的另一位家长，比如妈妈，会怎么回应孩子呢？

具有不同元情绪理念的家长，又会有怎样不同的回应？

请看下图，具有情绪指导理念的家长，会用支持型回应，跟孩子说："哦帅帅哭了，不高兴了？嗯，没吃到冰激凌，的确是一件令人不高兴的事。"妈妈看着孩子，体会她的情绪。帅帅靠过来，妈妈就抱抱她，亲亲她的额头。具有情绪消除理念的家长会说："别哭了，这又没什么大不了的，明天让爸爸买回来就是了。"说完自己去忙别的事了。

情绪指导理念下的支持型回应中，妈妈用问句的形式命名了孩子的情绪，即"不高兴"，帮助孩子意识到自己的情绪，从而了解情绪。她同时认可了孩子的情绪，并用内心体会和身体动作，表达对孩子情绪的理解、接纳和共情。表达理解和共情，可以帮助孩子减少负面情绪带来的压力。这是因为孩子的情绪被他人理解和感受到时，他们不再感到要独

情绪指导

情绪消除

支持型回应：哦帅帅哭了，不高兴了？嗯，没吃到冰激凌，的确是一件令人不高兴的事。

起反应型回应：别哭了，这又没什么大不了的，明天让爸爸买回来就是了。

元情绪理念

自面对，压力便随之变少。

相反，情绪消除理念下的起反应型回应中，家长不但没有给孩子创造学习情绪的机会，而且一开始就建议孩子"别哭了"，直接否定了他的负面情绪，同时在没有表示理解的基础上，就去建议孩子应该怎么做。戈特曼说得好："给建议之前，先理解孩子。"

此外，这种回应并没有处理情绪。未处理的负面情绪，不会自然消失，即便时间长了，冲突的内容已被遗忘，但情绪会无意识地残留在心里，多了便会影响身心健康。

有了情绪指导的元情绪理念，并在日常冲突中实践，便可以做到支持型回应。更多的支持型回应策略，可参见第七章。接下来的第六章，讨论几个需要避免的常见回应，它们是本章要避免的起反应型和妥协型回应的联系和补充。

Chapter 6

第六章

避免这些常见的回应

第1节　如何收起原始反应？

1　夏日的一天，我们和陆陆家去失落湖玩，这里有浅滩供孩子玩水，很安全。可我时常听到陆妈像口头禅一样提醒陆陆"Be careful"（小心）。

2　4月3日晚上帅爸陪帅帅睡觉，半小时过去了，她还没睡着。其间帅爸念叨地催了好几次："快睡觉，都几点了，这么晚还不睡。"

3　9月7日的早上，按照惯例，每月第一个周六上午，家得宝超市为社区的孩子们组织木工活动。我和Kiki到超市门口时，看到一位大概两岁半的男孩，不小心把喝水的瓶子掉地上了。他的妈妈赶紧捡起水瓶子，看了看，用凶巴巴且带有责怪的口气对孩子说："Look, what did you do ?！"（看，你都干了些什么?！）其实那个瓶子根本没摔坏。接着她又补了一句，还是责骂的口气："Do you think mom is happy？"（你觉得妈妈会高兴吗？）孩子站那儿没说一句话。

4　2月的一天，我给Kiki买的一本关于花仙子的书《魔法秘密花园》到了。这书非常精美，每面都有立体的花或仙子可以打开，书中勾勒的想象世界，更是梦幻有趣，令人爱不释手。Kiki很快被这本书吸引，过来翻弄里面的立体画。当我看到她用不太轻柔、直来直去且有些粗糙的动作弄书时，居然本能地用不友好的口气提醒她："别弄破。"当她像是没听见而继续兴致盎然地用同样的动作翻弄时，我又提醒了她一次。

94

读完以上的案例，你发现了什么？你正在想什么？有怎样的情绪体验？

案例中家长的回应，可能是不经过大脑思考自然而然地就发生了，是无意识的行为，或者是意识到了却放任自流不加干预。我把这种自然本能的下意识及意识到了却不加约束的消极反应，叫作 原始反应。消极意味着不利于孩子的发展。这种原始反应，是导致第五章里"起反应型回应"的因素之一。

在 Kiki 的例子中，其实我知道两岁多的孩子那样翻书的动作很正常，可我还是下意识地去提醒她。第二次提醒是意识到了却没有阻止自己。我知道那样的提醒意味着不信任孩子，不可取。陆妈的提醒和帅爸的催促也有同样的问题。还有很多家长会像超市门口的妈妈那样，对孩子的失误习惯性地粗鲁指责，以至于不会意识到这样的原始反应有什么不妥（比如让孩子为成人的情绪负责）。

在日常互动中，提高 自我觉察，是避免原始反应的关键。及时觉察到自己的想法、情绪和行为。先意识到，再进行调节。至于像上例我意识到还继续提醒，这样的例子在我的经历中极其少见。所以，关键还是意识的问题。

类似超市门口掉水瓶的例子，我遇到过很多次，比如 Kiki 睡前喝水时不小心把水倒在床上，把牛奶洒在我刚换的床单上，以及画画时把颜料倒翻弄得满地都是。我状态不好的时候，有种"吼她一声"的冲动。但当我意识到自己的情绪起来时，觉察的同时，就缓解了情绪。

一开始出现这些情况时，Kiki 都会本能地看着我们，似乎在等待宣判。而我和她爸的反应是很镇定地告诉她："没关系的。"同时表现出这事没什么大不了的表情。慢慢地，再出现这些意外情况时，她就不再看着我们。

记得 9 月 15 日那天，Kiki 在玩喝茶的游戏时，不小心把水倒出来，弄得满桌满地都是。她马上自言自语说"It's ok"（没关系的），表现得淡定放松。然后我也就像没发生什么一样，跟她一起去拿抹布擦干。

而她不但把这个"It's ok"应用在自己身上，还把它用在别人身上。如果我不小心犯了点小错误，她就会跟我说"It's ok"。她对待同伴等其他人也是这样，自然地表现出宽容，然后专注在帮忙解决问题上。

她的表现让我欣慰。因为她在我这里很有安全感，不怕因过失而被否定和指责；她对事情本身负责，而不是对大人的情绪负责；她不看大人的脸色行事，而是主动地解决问题。我想，这不就是人们心心念念想培养的孩子的领导力吗？这不就是终身受益的品质吗？

为人父母，便意味着我们不能再继续任性地或者无意识地随意回应孩子，而要有意识地控制原始反应，或者努力做到让它越来越少。这么做，收获的是孩子的健康成长。

第 2 节　如何避免消极比较?

很多家长或老师,似乎心中都有一杆"秤",那就是"别人的优点"。在冲突中,他们会很自然地将这杆秤拿出来,作为完美的标准,与自己孩子的不理想行为做比较,甚至以此作为谈资或骂资。

面对这样的场景，两三岁的小小孩大多不会有什么反应或抗议。于是家长就很难意识到，自己的比较并不合适。如果是大人，你会轻易地在别人面前给他贴上"害羞不开朗"的标签吗？你会用这种比较的方式，让他显得不如人家吗？

类似的消极比较，既不能解决问题，又不尊重孩子。更糟糕的是，如果经常发生，会阻碍孩子的自尊心、自信心和自我效能感等性格品质的发展。表现在建立起以他人为中心的外在评价系统，即价值判断以别人为参照物，太在乎别人的眼光和评判，不利于内在评价系统的形成。而这关乎孩子未来的幸福。还有可能发展出从众心理，有碍孩子今后独创性的发展。而过于从众又与领导力的发展有关，比如表现在工作中不容易主动提出新见解并发起行动。

这些比较的后果，听起来很严重。但是，如果不是常态，偶尔几次，只要注意修复，不需要担心。我偶尔也会犯一两次这样的错误，并没对 Kiki 造成不良影响。

6 月 11 日，我和 Kiki 去小区的公园玩，我走路，她骑三轮车。玩好要回家时，她要我抱着她。我说："妈妈没法一只手推三轮车，一只手抱你回家。"可她继续要求我抱她回家。我试图说服她自己走或骑三轮车回去，记得其中一句是："你看公园里的其他小朋友，没有一个要妈妈抱的呀。"话音刚落，我就意识到自己说错话了。

这个比较，不但解决不了冲突，而且可能会给孩子造成"我很糟糕"的感觉，因为别人不用抱而她要抱。其实她要抱，纯属正常需求。而且那会儿她很不高兴，因为爸爸没带她去击剑，再加上没午睡那会儿很困了。

印度哲人克里希那穆提说，设立标准并进行比较，是一种暴力，其本质是控制。体会上文的例子，不难看出，这种比较的潜在信息是"你做得没有别人好"，是负面的指责，是某种意义上的暴力，并通过指责而试图控制。

下面推荐两种方法，取代消极比较。

社会鼓励

行为神经学研究表明，负面信息对改变行为的作用非常有限。人脑更倾向于听取积极正向的信息而改变行为。而比较的核心，是给孩子提供了负面信息，带有消极指责的意味。所以，我们要把这种负面信息，转变成正面支持。"社会鼓励"这种方法可以替代消极比较（参见下表中的例子）。它指的是用言语告诉孩子他人能做到的事，以此正向地鼓励孩子去做到。这种方法的理论基础源于心理学家班杜拉提出的发展自我效能感中的"替代性体验"和"言语劝说"。

个人比较

另一种替代消极比较的方法，是跟自己的过去比，即个人比较，或叫纵向比较（参见下表中的例子）。

消极比较	社会鼓励	个人比较
你看公园里的其他小朋友，没有一个要妈妈抱的呀。	你看公园里的小朋友，都自己走回家。你也能行！	我发现你最近比以前更喜欢自己做事情，刚才就是自己骑三轮车过来的，没让妈妈推车。
唉，我们家聪聪比较害羞，不如你们家浩浩开朗。	浩浩会打招呼，聪聪也能行！不着急，等你想了再打招呼。	你现在比上次更友好了，虽然没有打招呼，但是会用眼睛看着对方了。
你吃饭还要喂，你看人家苗苗，我们上次一起吃饭时，她自己吃得多好！	你记不记得苗苗，她跟你一样大，她会自己吃饭，你肯定也行！来，试试！	你会自己拿筷子了，上周还不会呢。很快就能自己吃饭了。

社会鼓励和个人比较，是两种有效地避免消极比较的方法，能积极正向地回应冲突，并有助于促进孩子行为和性格的发展。

第 3 节　为什么不要奖惩?

请看下图中描述的现象，你有什么感受?

再用手抓饭弄得脏兮兮，
就打手心。

你要是把饭吃完，
就可以吃巧克力。

再要糖吃，
等下就没有动画片看。

再这样，
就打屁股。

你要这样，
爸爸下次再也不带你来店里了。

你不洗澡，
妈妈晚上不陪你睡。

无论家长用威胁还是温和的口气说出图中的表达，类似用奖惩的方式解决冲突的现象，是很多家庭的家常便饭。

奖惩基于行为主义学习理论，容易令人关注外在的行为问题而忽视孩子内在的思维和情感。即便可以改变行为，但一般只是暂时的，并不会长期有效，且通常都是对简单和常规的问题而言。对于需要创造力和概念思维的长期行为，几乎没有证据表明它们是有效的。而且，如果在孩子已经感兴趣的事务上用奖励，会减少他们对该活动本身的兴趣。就像孩子本来就喜欢学围棋，可你哪天高兴了，非得跟孩子说："围棋学得好，爸爸给你奖励小汽车。"这完全没有必要，长此以往，会削减孩子对围棋本身的喜爱。

记得有一位两岁半的男孩妈妈咨询我，她的孩子从小就特别喜欢玩小汽车，但是玩的时候比较暴力，经常故意把小汽车撞在墙上，现在家里的墙已经面目全非了。她跟孩子说过玩具会疼，不可以这样对待，没效果。后来没收玩具和罚站，也没长期解决问题。更糟糕的是，只关注解决暴力行为问题，掩盖了孩子长期存在的情绪问题。就像这位妈妈后来说的"孩子憋着不哭出来"。我难以想象，这么小的孩子压抑了负面情绪，还要面对家长无感的行为主义惩罚，这是怎样的滋味！

各种形式的行为主义奖惩，其真实面目是控制。拿上图中"再要糖吃，等下就没有动画片看"的例子来说，吃糖和看动画片，并没有必然的客观因果联系，而是成人利用孩子的喜好制造的"因果"，作为控制他们的工具。奖惩由于其控制的本质而不同于第七章里的解释策略。虽然解释的时候也可以告诉孩子他的行为可能导致的后果，但这个后果在客观上跟孩子的行为有因果联系。比如："不洗澡身上太脏了，可能会痒。记不记得上次你好多天没洗澡，晚上睡觉就不停地抓痒，没法睡，很难受？""糖吃多了可能会蛀牙，还会得肥胖症。你看网上这些孩子的牙齿，黑黑的，可能是因为每天吃太多糖果了。"不论这些解释是否科学，但它给孩子说明了不洗澡和吃太多糖本身可能带来的客观直接的问题。

当我们用奖惩的行为主义策略来控制孩子的行为时，他们会慢慢感受到，只有自己符合成人的要求时，才会被爱。孩子做事情的动机，可能因为这样的感受而变得不单纯。

而且家长奖惩的行为，会增加孩子总体的被控制的亲子体验。习惯了被控制的孩子，自信心和主动性的发展都会受到严重的阻碍。平时性格表现为顺从或易怒，不善于社交，还可能发展出不良的持续性注意力。

在我多年的教育咨询经历中，经常遇到小学生家长被孩子缺乏学习主动性的问题困扰。他们说："孩子学习和做作业不积极主动，好像都是给我做的。我如果用心管着他做作业，他就做得好一点。要不陪，就不好好做。"听着真是苦不堪言。虽然学习缺少主动性可能由多种原因导致，但其中一个很普遍的原因，是从小孩子经历了高控型的亲子互动，包括平时亲子冲突中，家长用行为主义的回应方式来控制孩子。

更糟糕的是，当我们让孩子感到无能为力，强迫他们屈服于我们的意志时，这通常会引起孩子强烈的愤怒。他目前无法表达这种愤怒，但并不意味着它会消失。这种愤怒不消失，去了哪里？很多去处，校园霸凌就是一种可能，无论是被霸凌还是霸凌别人。

还有研究表明，由高控型父母抚养的孩子，即使是三岁这么小的时候，也极有可能对同伴产生破坏性和攻击性，结果是这些同伴可能不想与他们有任何关系。我几年前做的一个研究，也有同样的发现。有个孩子换了好几个幼儿园，每次换幼儿园都是因为同伴关系出了问题，他经常被别的小朋友打或自己去攻击别人。而他就是成长在一个高控型家庭中，妈妈动不动就情绪失控打骂孩子（妈妈的妈妈也是这样），也经常用奖惩的方式应对冲突。所以，当我们的孩子上托班、幼儿园或小学等其他学校时，如果社会关系经常出问题，家长最该反思的是自己，从小到大怎么跟孩子互动，是不是高控型？然后从改变自己开始，而不是动不动就想着"我该怎么管教孩子？"，好像这都是孩子的错。

特别指出，不是任何行为主义的回应方式都会必然导致上面所说的问题，而是过多的控制，会对孩子的发展造成长期的不良影响。有时候奖惩的确会快速解决问题，当我们很累或者没时间时，偶尔用一下也未尝不可（除了打骂），只要不成为常态即可。就像有一次 Kiki 身上全是肥皂就不肯继续洗澡了。我说："冲干净了可以看《小猪佩奇》。"她立马答应冲洗。

如果不用奖惩的行为主义应对冲突，可以怎么做呢？下一节会在一个常见的具体案例中，讨论这个问题。

附：

如果你想了解除了行为主义之外的控制型特点，请参见下面摘自纽哈斯（Neuharth）博士的关于健康家庭和高控型家庭特征的对照表（笔者翻译）。我在原表格的基础上，增加了"健康家庭亲子冲突中的例子"一栏，列举了非控制型的健康家庭在亲子冲突中的样子。

健康家庭特征	高控型家庭特征	健康家庭亲子冲突中的例子
滋养的爱： ● 父母的爱稳定不变 ● 孩子会得到关爱、关注和温暖的碰触 ● 孩子知道自己是被需要和被爱的	有条件的爱： ● 父母的爱是奖赏，但受到惩罚时就会失去爱 ● 父母觉得自己拥有孩子 ● 父母的爱需要孩子去挣得	即便在充满情绪的矛盾冲突中，孩子也知道父母是爱他的。或者父母在冲突中或之后，直接告诉孩子："我依旧很爱你。"
尊重： ● 看见和珍惜孩子 ● 接纳孩子的选择	不尊重： ● 孩子是父母的财产 ● 父母利用孩子满足自己的需求	冲突中积极处理孩子的行为问题，并能感受到孩子的内在情感需求
开放的沟通： ● 重视诚实的想法和表达 ● 允许质疑和异议 ● 认可并解决问题	令人窒息的语言表达： ● 沟通受到一些特殊规则的制约，比如，"不要问为什么""不准说不" ● 不鼓励质疑和异议 ● 忽视或否认存在的问题	冲突中经常用好奇的提问，去了解孩子的想法，即便两三岁的孩子可能不会回答什么，但是创造了倾听孩子的环境
情绪自由： ● 可以有悲伤、害怕、愤怒和开心等情绪 ● 自然地接纳情绪	情绪不宽容： ● 不鼓励或禁止强烈的情绪 ● 认为情绪是危险的	父母自律且适当地表达自己的情绪，用拥抱等肢体语言，无条件接纳孩子的情绪表达

健康家庭特征	高控型家庭特征	健康家庭亲子冲突中的例子
鼓励： ● 鼓励发展孩子的潜能 ● 孩子成功时肯定他，失败时给予鼓励	嘲笑： ● 孩子感到被评判 ● 孩子受到的批评比表扬多	在冲突中，看见并指出孩子情绪和行为的点滴进步；不指责，不评判，多鼓励；支持孩子情绪和行为的调节
一致的育儿： ● 父母设定适当且一致稳定的限制 ● 父母认为自己是孩子的向导 ● 父母允许孩子合理控制自己的身体和活动	教条式或混乱的育儿： ● 严厉和不灵活的管教 ● 父母认为自己是孩子的老板 ● 父母不尊重孩子的隐私	在冲突中使用同样的规则，如果和孩子约定好每次只看八分钟的视频，不要自己一高兴就破坏规则，给看半小时，或者孩子要求多看就任由他
鼓励内在生活： ● 孩子有同情心 ● 父母跟孩子沟通他们的价值观但也允许他们发展自己的价值观 ● 有学习、幽默、成长、游戏	否定内在生活： ● 孩子没有同情心 ● 做得对比学习或好奇更重要 ● 家庭气氛沉闷或混乱不自然	冲突中和前后能关注孩子的情绪，并经常讨论情绪
社会关系： ● 鼓励与他人建立联系 ● 父母传递给孩子对他人和社会的责任感	社会功能障碍： ● 很少与外界建立真诚的社会关系 ● 告诉孩子："外面的每个人都会对你不利。" ● 建立社会关系是为了被认可	亲子冲突中父母能真实地面对孩子和自己的需求。如果不能满足孩子，就告诉他，不用太勉强，不伪装也不迁怒（如果大部分时间你都不能满足孩子，那最好一开始就考虑好是否该生孩子）；如果能满足他，就不故意延迟满足。以此建立真诚的亲子关系，为发展其他的社会关系奠定基础

第 4 节　不奖惩，该怎么办？

奖惩的本质是控制，要避免奖惩，就得放下控制。控制的发生，除了成人本身可能有安全感等问题外，大多是因为在冲突当下无计可施或无能为力，以及看不见孩子。如何放下控制而不用奖惩？可以尝试**"关注需求 + 就事论事"**的方法。

8 月 17 日，我和 Kiki 去沃尔玛超市买东西。她看到一个玩具车很喜欢，要我买。我本能的反应就是"家里已经有很多玩具车了，不要再买了"，更没顾上看一眼她说的车。Kiki 开始不高兴，并且继续要求我买。我当时一边要抓紧时间购物，一边有个孩子坐在购物车里不停嚷嚷，于是就有些不耐烦地跟她说："你要这样，妈妈下次再也不带你来超市了。"

这个例子中，我的本能反应是被自己认为家里已经有很多车的想法占据，而没去关注孩子的需求。接着用"不再带她来超市"的惩罚，威胁控制孩子。买玩具车与下次逛超市是两码事，我没有就事论事地关注买玩具车，而把"下次逛超市"的事扯进来。

好在我当时刚说完，就意识到自己需要调整对她的回应方式，我说："对不起宝贝，妈妈刚才因为匆忙失去了耐心，没好好跟你说话（情感联结）。你想买哪辆车呀？"她用手指给我看，刚才升起的负面情绪已经平静下来。我看了一眼，饶有兴致地说："哦，是这辆车啊。好大啊，是红色的……"（关注需求）看了一会儿车后，我们看见旁边琳琅满目的各种娃娃和服装，我惊奇地说："哇，这些是什么？"（转移注意）家里有几个娃娃（见下图），我猜她会对娃娃服装感兴趣。果然不出所料，她很快被吸引，过去拿了一套玩，再也不提买玩具车的事。她后来要买一套娃娃服装，我二话没说就给她买了（满足新需求）。回家后她忙着给娃娃换上新装，玩得很投入。

Kiki 的娃娃们

上例中我调整后的回应首先是给孩子道歉，做"情感联结"，弥补之前的不良回应造成的与孩子的情感失联，缓和她的负面情绪。如果没有前面这些事，可以直接进入下一步。

接着是"关注需求"，怎么关注？做到倾听、理解与共情。即，去倾听和理解孩子的需求，并感受她那种对车的喜欢之情，同时表达这种共情，正如上例中我用饶有兴致的口气描述了那辆车。如果你当时觉得烦都烦死了，哪有心情去共情，那就暂时放下，不要勉强，慢慢来，现在先知道要有认知和情感全方位投入地关注孩子的需求就可以。

第二步"就事论事"，即处理买车的冲突。我当时顺势用了"转移注意"的方法。由于两三岁孩子"感知和行动统一"的心理特点，她之前要车，其实是因为"看见"，就想要。只要让车离开她的视线，而用其他的事物来代替，就能很快地转移她的注意力。如果当下没有孩子喜欢的物品，可以尝试你没那么讨厌且愿意买的物品。上例中我给 Kiki 买了一套娃娃服装，满足了她的新需求。我看到过很多家长，会用玩手机来解决问题。其实他们心里清楚这个方法不好，但效果好又省力。虽然偶尔用一下毫无大碍，但不鼓励经常使用。

如果转移注意不成功，或者你不想用这个方法，可以尝试真实地拒绝，并告知原因。虽然我一开始也真实地拒绝了孩子，但是没有照顾到她的情绪，跳过了"关注需求"这一步而激化了冲突。也就是说，她可以有买车的需求，这应该得到关注与认可。在这样的前提下，再决定是否要满足需求。

虽然我们知道给孩子自由并尽量满足他们的需求很重要，但是这并不意味着不能真实地拒绝孩子。所谓的真实，就是遵从你的内心。扪心自问，你愿意满足孩子吗？如果愿意或者不怎么愿意但也不排斥，就去满足孩子。如果特别勉强，而且有很实在的理由，就如实告诉孩子为什么要拒绝他。

例子中 Kiki 要买的那辆车，是人可以坐进去的电动小汽车。我觉得这是十分糟糕的玩具，因为它不但价格昂贵，而且不是开放性玩具（即，可以有各种创意玩法的玩具），毫无创造性可言，也没什么其他价值。Kiki 对这类玩具向来很快就会厌倦。我完全不愿意买个那么大的废铁回去扔车库占地方。所以，我可以跟 Kiki 说："妈妈知道你喜欢这辆车，但是对不起宝贝，妈妈不能给你买。因为它不但贵，大得太占车库的空间，而且只有一种玩法，容易玩腻。"孩子一听，可能会哭闹起来。但是我表达了自己真实的想法，没有委曲求全也没有费尽心思编造谎言哄骗孩子，即，我尊重了孩子和自己。而且长远来看，孩子可能从这样的互动中，学会真实地表达自己的想法，并在拒绝别人时，说明原因，而不是粗暴地试图去控制。这也是就事论事的一种方法。

　　我从 Kiki 快到两岁能理解一些事开始，就会用"真实拒绝"的方法。不过大部分时间都以满足她为主，一来因为没找到拒绝她的理由，二来因为理解她的危机特征且不想给她造成匮乏感。大概在 Kiki 三岁以后，我发现我真实有理由地拒绝，一般她都能接受，也不会因此引起冲突。偶尔遇到她状态不佳，会稍微表达一下情绪，但也会很快平静下来。而有时候如果我偷懒没马上解释，她就会主动问我"为什么"。如果我自己都解释不清楚，我会很快意识到我的拒绝可能是不合理的。有时候如果她发现我的解释不合理，也会跟我辩论，或继续问为什么。我觉得这样的商讨，是很好的沟通方式。而沟通能力，是一项让人终身受益的技能。此外，她在拒绝我的要求时，也会主动告诉我她为什么不想那样做。

　　"关注需求＋就事论事"的方法，可以应用在很多不同的亲子冲突中，以避免奖惩的行为主义回应。

Chapter 7

第七章

冲突中的
十二个支持型回应策略

对于两三岁的孩子来说，成人在与他们的日常互动中，要尽量避免直来直去的正面冲突、对着干，或者强迫孩子去做他不愿意做的事，而要迁回。这对于直性子的家长来说，也许比较有挑战。迁回有别于平时我们经常看到的连哄带骗，而是用一些有效的方法，在冲突中支持孩子管理情绪，解决冲突。斯宾瑞德等人的研究发现，如果母亲使用情绪管理策略，支持学步期儿童调节情绪，这些孩子今后会有更好的自我情绪调节能力。本章将介绍十二种在冲突中帮助孩子管理情绪的策略，排序的先后跟重要性无关。不同策略可能适用于不同孩子或情境，每种策略也可能有时有效有时无效。在日常生活中，可以看情况灵活运用。

在使用中，需要特别注意一点：

不要带着管教或搞定孩子的心情和动机！

孩子不是工具，而是人。与他们之间的矛盾冲突，也不是"问题"需要被解决。不是去解决冲突，更不是去解决孩子，而是去支持他们经历和应对日常冲突，并学会调节情绪。带着这种谦卑和平等支持的心情去实践这些策略，会有不一样的体验，且能收获更有质量的亲子关系。

第 1 节　想象游戏

　　想象游戏也叫假想游戏，是解决矛盾冲突的好办法，非常适用于两三岁的孩子。正如维果斯基说的，在想象游戏中，孩子往往比平时的自己高一个头，表现出最好的自我调节能力。然而，我在研究中发现，家长用它解决亲子冲突的概率，相比于其他策略，要低很多。下面分享七段我和 Kiki 用想象游戏解决冲突的经历。

"你想要去看米老鼠吗？"

　　6 月 10 日，全家晚饭后去散步，看到很多孩子在学游泳。Kiki 看了大概一小时也不肯离开。我们用了几个方法，包括提醒很多次，设置闹钟等都没用。后来我突然想到想象游戏。于是就问她："你想要去看米老鼠吗？"她马上来了兴趣，就离开了。很快骑车去找米老鼠。到了一个有扇大门的地方，我们说这就是米老鼠的家，然后去敲门。门没开，米老鼠不在家。我们就说去其他地方找找看，也许它出去运动了。然后 Kiki 就去运动场找，其实是沿着回家去车里的路找。又没找到后，我建议她给米老鼠打电话。我模仿米老鼠的口气，说它在我们家了，让我们回家与它会合，Kiki 迫不及待地上车回家。在回家的路上，我们聊了其他的话题。等到家时，Kiki 就忘记米老鼠这回事了。

这个例子有别于平常有些成人在无计可施的情况下用的连哄带骗。前者是游戏，是玩儿。后者是哄骗，不尊重孩子。

西瓜皮宝宝

4 月 28 日，Kiki 趴在厨房地毯上吃西瓜，吃完就扔地上，我对她说："Kiki，西瓜皮不可以扔在地上。请你把它捡起来放在垃圾桶里。"她痞痞的样子，不回应我。这种情况下是否提高嗓门儿凶她一顿？我领教过这种

西瓜皮扔地上了

凶她的方法只会让她大哭大闹，她根本不吃这一套。就在那个瞬间，我想起想象游戏，于是就开始跟她说："Kiki，西瓜皮宝宝躺在地上很伤心，因为她回不了家。她的家在这里（我指指垃圾桶），你可以帮她回家吗？"话音刚落，她就捡起西瓜皮，把它送进垃圾桶。我肯定了她："谢谢你把西瓜皮宝宝送回家。"

"我们把玩具送回家"

类似捡西瓜皮的例子就是收玩具，很多时候，她不要收玩具。但是当我说"我们把玩具送回家"，她就来兴趣了，会很快主动地去收玩具。

在成人眼里，收玩具也许不算什么，因为我们已经习惯了平时整理房间。但是孩子不是天生喜欢收玩具的，单纯地因为要收玩具而收，对他们来说是件很无趣的事。而爱玩是孩子的天性，"送玩具回家"，把无聊的收玩具，变成了有趣的游戏，他们就会很喜欢，再因为喜欢而变得主动。

在这个"送玩具回家"的想象游戏中，我通常会跟她一起收玩具，因为对于两三岁的孩子来说，如第三章提到的，他们还在独立与依赖之间摇摆，所以他们有时还需要成人的帮助，特别是有很多玩具要收的情况下。比如，Kiki 一开始会很积极地收玩具，但是如果玩具太多，我又不跟她一起收，到后来她就不干了。所以，成人需要参与到收玩具的游戏活动中，作为游戏伙伴，跟孩子"一起"完成。这不但给孩子收玩具提供了支持，而且给他们树立了"合作"的榜样。

米老鼠歌曲视频

10 月 18 日早上 6：30，Kiki 一醒就要看《米老鼠》的歌曲视频。爸爸还在睡觉，不方便开灯放视频。但我没有说"不可以"，因为这样会激发她跟我闹。我说："米老鼠还在睡觉，你看，外面天还很黑，太早了。"她接着要看《五只小鸭子》和《小星星》的歌曲视频，我都用同样的方法回应。

这之后，她就走了，没有任何抵触情绪。

等吃比萨饼

1 月 15 日下午 4：00 多，因为没午睡，Kiki 困了，有些闹脾气。她说要吃比萨饼。可是比萨饼烤好要大概半小时，她得等。在她又困又饿又有脾气的情况下，如何等待？ Kiki 见我打开烤箱准备烤比萨饼，还不能马上吃，就开始哭闹。这个时候，我从衣服口袋里意外摸出她的玩具电话。见到电话，我即兴想出一个简易的想象游戏，我说："Kiki，妈妈现在开始烤比萨饼，大概要花三十分钟。你要不要给米老鼠打个电话，问问它家有没有已经烤好的比萨饼？"她顿时来了兴致，不过让我给米老鼠打电话。打完后，发现没有。她就让我继续问其他人。就这样，Kiki 很投入地玩起了这个想象游戏。大概打了六七个电话，大家都没有现成的比萨饼可以给她吃，于是她就接受这个结果了。冲突解决了，她也没再哭闹。

拒绝吃蔬菜

3 月 16 日，晚饭吃面条。Kiki 只吃面条，不吃蔬菜。后来爸爸给她准备了黄瓜，她毫不犹豫地一口拒绝。我夹起一块不大不小的黄瓜，说："大家好，我是小猪佩奇的妈妈，我们全家都喜欢吃黄瓜，啊呜。"说着一口吃掉黄瓜。Kiki 顿时来了兴致，开心地说："我是小猪佩奇。"说着马上拿起一块黄瓜，送进嘴里。后来就这样用同样的方法，主动吃了很多黄瓜，她还说小猪佩奇喜欢吃黄瓜。

不让妈妈休息

6 月 16 日，我们从超市回来，因为路上有点晕车，到家后我就躺下休息。但是 Kiki 不想让我休息，她走到床边，试图把我从床上拉起来。我说："妈妈有点晕车，很不舒服，需要休息一下，不能陪你了。"她不愿意。这时爸爸来了，也请她让我休息。她同样拒绝。我见她皱着眉头，暴风雨马上就要来了。那会儿我真是没力气听她哭闹，于是赶紧编了一个想象情境："快，快，接电话。是米妮打来的。Kiki 要不要跟她说话？"爸爸很配合，闻声很快掏出手机，递给 Kiki。她的注意力马上被吸引过去，哭哭地说"要"（她还在刚才不高兴的状态里，所以是哭哭的口气）。说着她走过去拿电话，爸爸刻意拿着手机往房间外走，她追着手机出去了，这才离开了我的房间，冲突解决了。

这个例子是用想象游戏作为转移注意的方法，解决冲突。它与"拒绝吃蔬菜"一例中的想象游戏，有不一样的作用。

如何更好地使用想象游戏？

根据非古典心理学的观点，想象游戏有三个关键要素，即想象情境、角色以及与角色有关的规则。从上面这些例子中可以看出，想象游戏中的角色，可以是孩子喜欢的动画片形象，比如米老鼠和小猪佩奇。用这些孩子喜欢的形象创造想象情境，特别容易吸引孩子。想象的内容和规则，可以是孩子容易理解、熟悉且喜欢的日常生活经历，比如打电话和吃黄瓜。这样更易引起孩子的兴趣使他们能很快投入游戏中，从而解决冲突。

在"拒绝吃蔬菜"的例子中，Kiki 主动当了小猪佩奇。而佩奇一家都喜欢吃黄瓜，是我临时创编的游戏规则。我把在真实生活中希望她吃黄瓜的要求，变成了游戏规则，并且借猪妈妈的口说出了这个规则。Kiki 开心自然地遵守了这个规则，吃起了黄瓜，解决了不吃蔬菜的冲突。

为什么这样的方式比直接要求孩子吃蔬菜更有效？维果斯基解释说，因为游戏给孩子带来欢乐，他们为了这个快乐，会更容易服从规则。Kiki 平时很喜欢小猪佩奇，在成为小猪佩奇这个想象游戏中，她很开心，虽然她不喜欢吃黄瓜，可是她还是吃了，管住了自己，因为那是玩游戏的一部分。同时，这种自我约束的能力，在游戏中得到了锻炼。后来黄瓜居然成了她喜欢吃的蔬菜之一。

使用想象游戏应对冲突，是一个创造性过程。很享受！

115

第 2 节　即兴创编故事

口头即兴创编故事，是一个能有效解决冲突的办法。

Kiki 两岁七个月时，有两个晚上自己主动说要去洗澡睡觉。但是当爸爸把水放好，她就变卦拒绝洗澡了，无论我们创造怎样的想象情境都没用，比如，小青蛙等她去一起玩水之类的，以前很管用的读绘本的方法，这次也不行。爸爸说："那爸爸就讲故事，不用书。"说完他就开始即兴创编了关于猫的故事。Kiki 听得入神，偶尔还会接上爸爸的内容，编几句，或问个问题。就这样高高兴兴边听边洗澡了。

Kiki 两岁半时，4 月 10 日的晚上，睡前闹小脾气，不肯睡觉。我抬头看到墙上的米妮老鼠图贴，临时想出自编故事。我说："米妮遇到米老鼠，问他要不要一起玩……后来他们又一起去吃东西，米老鼠问要不要吃蛋糕，米妮说不吃，因为蛋糕太甜了，不健康，牙齿会蛀掉。米老鼠又问，要不要吃冰激凌，同样的回答。"后来我请 Kiki 给他们建议吃什么健康的食品，她想了想说"蔬菜"。然后我就请她讲哪些蔬菜。接着有意引出水果和牛奶。

因为睡前喝一瓶牛奶是 Kiki 的习惯，可今天她却不要喝。我说："他俩去了米妮的家，米妮妈妈做了很好吃的晚饭。吃完后他们玩了会儿，米老鼠回家了，米妮要洗澡睡觉了。睡前她说：'妈妈，我要喝牛奶。'妈妈给她喝了牛奶，她漱完口就睡着了。"讲到这儿我就停了下来，把刚才温好的牛奶递给 Kiki，她毫不拒绝，一改刚才的样子。喝完后，她就很自然地去睡觉了。

这个讲故事的过程中有个小插曲，好像是被什么打断了，可是 Kiki 要求我继续讲下去，足见她对此很感兴趣。

即兴创编故事与上节的想象游戏类似，需要成人发挥想象力，创编幽默有趣且贴近儿童生活的故事情节。在创编过程中，可以看情况请孩子参与，就像第二个例子中，我请 Kiki 说些蔬菜的名称。还可以巧妙地将要求融入故事内容里，"米老鼠睡前要喝牛奶"，就是我有意编出来引导 Kiki 喝牛奶的。

有一点要注意，讲完故事后，不要用类似于"故事讲完了，该睡觉了"的结束语，以免诱发第二章里的危机特征，提醒孩子对抗。而是自然而然在故事中请孩子躺下来，比如："小兔东东吃完胡萝卜，躺下来数星星，看月亮。来，躺下来喽。哇，好美的月亮，好多星星……"故事里"躺下来喽"，就是提醒孩子躺下来睡觉。

由于创编故事即兴发生，这就要求当下用心去感受孩子，如果他不感兴趣，得马上调整故事内容。整个互动应该是用心投入、富于创造且开心好玩的过程，因此而有别于任何形式的控制和哄骗孩子。

第3节　解释原因

　　说起解释，让我印象特别深刻的是很多年以前，我在公园看到一位妈妈和看起来不到半岁大的孩子在散步。妈妈没一会儿停下来对孩子说："安迪，你感到热吗？妈妈帮你把外套脱了可以吗？"孩子睁着大大的眼睛看着妈妈，微笑着发出"哈子哈子"的声音。妈妈用手摸摸他的额头，继续对他说："宝贝你看，出汗了。"说着把湿湿的手给宝宝看，接着说："来，脱外套了好吗？因为太热了，都出汗了。"

　　这么一个不到一分钟的互动，温暖我心。妈妈非常耐心地给孩子解释为什么要脱衣服，足见她对小婴儿的尊重。同时也让我想起在我的咨询经历中，遇到过一些父母，因为孩子还小，就觉得他听不懂，懒得解释，或者不说一句话，直接上去就是脱衣服。等孩子长到两三岁，会说话反抗了，遇到亲子冲突时，家长也不做解释，脾气上来就是一顿吼。

　　解释原因是解决亲子冲突的有效方法。它有助于我们自查对孩子的要求是否有必要，因为如果我们难以给孩子解释为什么要求他这么做，也许就没有必要让孩子这么做。解释的时候，我们可以说明与规则、价值或后果有关的原因。基于这几点的解释，通常更能让孩子明白，而有效地解决冲突。

8月6日那天早上，又一次发生了 Kiki 让我给她读书而不让吃早饭的冲突。我顺了她一次但她继续要求时，我跟她解释说："妈妈饿了，要去吃早饭，不吃早饭会头晕。你不希望妈妈晕倒生病，对不对？你如果现在不想吃早饭，可以先不吃。"听我说完，她没有继续要求我读书，只是支支吾吾在一边有点不高兴。

Kiki 在这里表现出第二章里讲到的"专制"的危机特征。也许有些家长在这种情况下会期待孩子体贴自己，抱怨这个孩子怎么这么不懂事，不关心妈妈之类的。瑞士发展心理学家皮亚杰告诉我们，其实这个年龄的孩子，以自我为中心，还不具有换位思考的能力。所以，一般情况下他们很难站在我们的角度，去体恤"妈妈很饿"的感受。于是将"妈妈很饿"作为不给读书的解释，也不太会有效果。但是，她明白妈妈晕倒生病这样的后果，因为她以前经历过，我病了躺床上，没法跟她玩，她不喜欢。在告诉她妈妈要去吃饭的原因时，我解释了不吃饭可能导致的后果，帮助 Kiki 理解，顺利解决冲突。

还有一次，Kiki 要看《小猪佩奇》，我说："你刚才去楼下玩之前跟爸爸看过了，现在就不能再看了，因为频繁地看，眼睛会累。来，让妈妈看看你的眼睛有没有红？"Kiki 揉揉眼睛，没再要看视频。

我给她解释了不能继续看视频，是因为"视频不频，保护眼睛"这条规则，并进一步解释了为什么要遵守这条规则，即，眼睛会累。我有时候还会告诉她眼睛累了的后果，比如眼睛可能会生病。Kiki 都能明白，不再继续有冲突。

用解释这个策略时，需要注意以下四点：

第一，孩子能理解。哪些是孩子能理解的解释？他亲身经历过的、具体的，或者跟他亲身体验过的有关联的内容。上例中妈妈病了没法陪 Kiki 玩，是她亲身经历过的能理解的内容。而看太多视频会影响大脑结构和功

119

能之类的坏处，我就没跟她讲，因为太抽象不容易理解，我只解释了她体验过的眼睛会累的后果。

第二，与孩子的喜好相关。上例中妈妈病了没法陪 Kiki 玩，是她不喜欢的后果。

第三，实事求是。不要哄骗孩子，或者夸大事实，吓唬他们。在解释的时候，虽然我们要把复杂的内容转化成孩子能理解的语言告诉他们，但不能因为"孩子反正也不知道被哄骗了"而编造假象，这样很不尊重孩子。更何况，有时候孩子们也不一定听不懂。还有一种现象，解释的时候家长容易用可怕的后果吓唬孩子。你要的不是孩子因为被吓到而服从，这不是解释，不可取。得告诉孩子可能发生的真实后果又不至于被吓到。如果真实的后果太吓人，要用另一种听起来不吓人的语言告诉孩子。上例中我用妈妈太饿了如果不吃饭会生病的解释，而不用抽象的医学表达"不吃饭血糖太低，会晕倒"（大一点的时候可以用），更没有夸大事实，"你会没了妈妈"之类的吓唬她。

这前三点，是针对解释的内容。

第四，关于解释的态度，要心平气和，而不声色俱厉。《论语》里讨论孝道时说："色难。有事，弟子服其劳；有酒食，先生馔，曾是以为孝乎？""色难"二字，即，自始至终都和颜悦色地对待父母，这十分困难。做到了才是孝敬父母，强调了良好态度在孝道中的关键地位。对于孩子，特别是两三岁的孩子，也是同样的道理，爱孩子，要好好地跟他说话。我的实践证明，家长解释原因时的态度，影响亲子冲突的发生和发展。请看下面一个例子。

7 月的一个周六，我发现 Kiki 卧室的床上地上撒满了毛绒玩具和书，大游戏房地上也是铺满各种玩具、手工材料和作品，让我有种无处落脚的感觉。我就建议 Kiki 和我一起整理游戏房。可是她不让我动她的东西。我说："可以，你要保留的，妈妈不收。"可是她不让我收任何玩具。我当时有些失去耐心，也懒得用我的专业知识和策略，我随性地用不和善但也不算凶的语气跟她说："我感觉像住在了一个大垃圾桶里。我不喜欢这样！你看看地上铺满你的玩具，我都没地方走了。"Kiki 听了大哭，继续拒绝整理玩具。闹了一会儿后，爸爸把她抱走了。我坐下来休息，没有强行收玩具。

虽然没发火骂人，但我的态度不好。每次我一态度不好，就会激发 Kiki 的对抗情绪，激化矛盾。这个收玩具的矛盾冲突，也不是第一次遇到。不同的是，往常我会用各种方法，心平气和地积极应对冲突，Kiki 一般会很配合。这次我虽然也解释了为什么要收玩具，但却用了指责的口气。这与很多时候我用信任、耐心且温和的解释，大相径庭。同时，解释的原因也因为失去耐心而没有进一步拓展，没有找到能与孩子的兴趣喜好相关的后果，比如，不收好下次要玩时可能就找不到了，或者乱丢在地上不小心就踩坏了。这些都是她之前有切身体会的经历，容易理解。结果是，引发了带有很大情绪的冲突，玩具也没整理。所幸是偶尔发生一次，如果是常态，就很可能无形中给她埋下对收玩具的恐惧。而这种恐惧，可能一直延续到成人期。

也许有些家长会问：孩子太小了，听不懂解释的原因，或者听懂了他还继续闹，怎么办？其实，第一次解释失败了，可以尝试第二次，然后看情况决定是否要尝试第三次，当下你会知道答案。这个再尝试，是给自己进一步做好上面几点的机会。如果做了几次尝试后，冲突还是没解决，再用其他策略也不迟。

Kiki 从小到大，即便在还不会说话的婴儿期，如果我们要她做什么，无论她是否反对，我们都会解释为什么要这么做。说明原因后，她理解了，就会去做。有几次，即便当时她做不到，过些日子后她就做到了。对于有些事，她认知上先理解，行动再跟上。到 Kiki 三岁半的时候，这种解释的方法，效果更加明显。而且她给我们提要求时，也会主动解释为什么，这不就是一种很好的沟通能力吗？很多研究表明，使用解释原因这个方法，无论当下效果如何，长期坚持可以促进孩子的认知发展，练习因果逻辑关系的思维能力，也更容易培养出一个明理且懂得尊重的孩子——因为他从小就是那样被对待的，从而会在社会和情感发展上表现出优势。

第 4 节　这样用注意转移

转移注意是比较常见且能有效地解决矛盾冲突的方法。格罗尼克等人发现，在成人的帮助下，两周岁的孩子已能非常好地将注意力从一个活动转向另一个新活动。然而，转移注意这个方法很有争议。

转移注意会影响孩子的发展吗？

并不是解决了冲突或者孩子不哭闹了就行，家长要知道所用的方法对孩子的发展有什么影响。很多研究指出，转移注意比较适合用在小小孩身上，它也很受各种文化背景下家长们的青睐。可是，细查最近二三十年的幼儿情绪研究，对转移注意这一策略，会对孩子的情绪管理能力的发展产生什么影响这个问题，得出两个相反的结论。有些研究发现，转移注意会对孩子现在或今后情绪的自我调节有帮助，有些则认为没有好处。正如前文提到的，戈特曼将转移注意视为情绪消除的方式之一，而情绪消除对孩子的发展不利。看来，儿童心理学的学术科研，在这个问题上是很难给出直接答案了。

世界上第一位用通俗的语言向西方全面深入阐述东方哲学智慧的印度哲人克里希那穆提建议直面情绪而不逃避。一些心理咨询领域的人，包括英国心理咨询师菲利帕·佩里，也不赞同经常使用转移注意，认为那是操控孩子，且会剥夺他们体验冲突和情绪的机会，从而影响孩子发展包容负面情绪的能力。

这么说来，难道就不用转移注意这个方法了吗？

转移注意可以使用，因为它在很多时候，的确能快速有效地解决冲突并调节孩子的情绪，特别对两三岁的小小孩来说十分有效。更何况，它对情绪发展的影响也有争议。所以，关键不是能不能用，而是何时用、怎么用的问题。

这样用注意转移

一、**在转移注意前，让孩子有机会体验自己的情绪，同时去认可或共情他们的情绪。**这个时候不一定要做什么，只是安静地陪伴就可以（详见本章第 5 节）。

二、**注意使用频率，避免频繁、长期且单一地使用。**可以在特别需要的情况下用，比如，没时间或没精力时（参见本章第 1 节里"不让妈妈休息"的例子）、看医生打针时以及太多冲突哭闹的阶段。还得配合使用其他的应对方法，不要只用转移注意。

在我的实践中，Kiki 两岁半前，用了一些转移注意的方法，特别是在情绪不太激烈的冲突中，它简单易行且行之有效。但后来我有意不这么做，而是用了本章里的其他方法。一来是因为她的理解力比之前更好了，我便可以用很多其他的方法，比如"解释原因"之类的。同时，她能有机会体验自己的情绪以及各种解决冲突和调节情绪的方法，为今后能独立地自我调节冲突和情绪做准备，并发展对负面情绪的接纳能力。

有家长问我，如果从小就给孩子用转移注意的方法避免冲突，他/她长大了会不会无法专注或对一件事产生持久的兴趣？有些书对此给出肯定答案。但是，这个问题的关键是怎么使用和使用频率的问题，如果做到以上两点，就不用担心。它不会影响孩子的专注力和对某件事物的兴趣。

六种转移注意的方法

它们包括感官吸引、巧用绘本、利用幽默、打闹游戏和其他活动、提问式交谈和转换空间。这些方法可以单独或混合使用。

感官吸引

正如维果斯基所说，一到三岁孩子的感知、思维、情感和行动受限于当下的情境。感知觉是最早发展的心理功能之一，它与行动和情感不可分，情感又与行动是一体的。所以利用孩子的各种感官，可以很好地转移注意。比如，在孩子哭闹时稍微等等，可以用他喜欢的物品或玩具去吸引他，给他这个物品，让他触摸着玩儿。这是从视觉和触觉着手转移注意。还可以播放他喜欢的音乐，用听觉转移注意。

这些用基本感官转移注意的方法，对小小孩管用，但有时候也不好使。需要配合使用以下其他转移注意的方法。

巧用绘本

Kiki 哭闹的时候，我经常会有意地抱着她，坐在放有绘本的地方。家里能坐的地方，比如沙发边，或者楼梯等交通要道，都放有绘本。一坐下来，绘本便触手可及。但是她大哭大闹时，平时喜欢看的绘本也无济于事。不过这并不意味着绘本就没用了，只要稍微等一等，在她情绪不那么激动时，就会派上用场。

7 月的一个午后，Kiki 午睡被吵醒了，很不高兴。我抱着她，特意坐在了书筐旁。由于这么小的孩子，情境受限，而且感知和行动不可分，我就想，她不经意间看到书，也许会想要读书（她平时就很喜欢读书，从出生开始就培养的阅读习惯）。不过，我没有主动给她读书，因为她不高兴的时候，我做什么都会被拒绝，更何况我希望她自己主导她的生活，而不是由我安排。于是我就抱着她，静静地感受她的情绪变化，等待她需要时回应。过了一会儿，她看到身旁的书筐，要我给她读《生日派对》。就这样，绘本成了吸引她

看绘本

注意并进入阅读的工具。她的情绪平静下来。类似的例子，不胜枚举。

这个方法跟上文感官吸引的方法类似，唯一不同的是，我没有主动把书给她，或者不动声色地先自己读起来，而是将主动权留给她自己，等待她将注意力投向书籍。而我做的，除了等待，就是事先创设好了环境，然后把她带到这个环境中。

利用幽默

喜欢幽默似乎是孩子的天性。我平时发现 Kiki 喜欢听幽默的曲子，看幽默的书。于是，幽默就成了帮助她转移注意的方法。

记得 6 月 8 日那天下午，我把旧包里的东西倒腾到新包时，Kiki 看到包里的山楂片，就要吃。她一开始时只拿着，不吃。可没一会儿，她就把外层纸剥了，然后盯着我，把其中一片放进嘴里。由于 Kiki 午饭在餐馆吃了很多甜点，我们之前就说好下午不再吃甜食了。于是当我提醒她不能再吃时，她大哭。我抱起她，在楼梯转弯处，看到了《鹅妈妈在加利福尼亚》。我拿起书给她阅读。一开始她踢书拒绝，我就等等，感受她的情绪。后来我用幽默诙谐的语调继续读，她的注意力就慢慢被吸引过来了，很快投入到书中，情绪随之平静下来，偶尔还会跟着我的幽默发笑。

这个例子中，幽默诙谐的阅读方式，对帮助 Kiki 转移注意管理情绪，起到了关键的作用。我一开始阅读时其实有些严肃，不过她对读书的拒绝，提醒我要马上调整好自己，开启幽默模式。其实不是每本书本身都是幽默的，但是我们可以发挥想象力和创造力，用夸张的方式，把书读出幽默感，吸引孩子的注意。

还有一个例子，4 月 4 日下午，我要去学校上班，Kiki 的西班牙语玩伴瑞卡奶奶来了。可是她不肯跟瑞卡奶奶玩，要黏着我，不让我去上班。正僵持不下，我突然想起她爸爸昨天跟我说，她会唱西班牙语的生日歌了。我就问瑞卡奶奶："Kiki 现在会用西班牙语唱生日歌了？"瑞卡奶奶马上开始用西班牙语唱起生日歌。我跟着学，以制造幽默好笑的氛围。因为我不会讲西班牙语，突然模仿，发音不准，把 Kiki 逗笑了。后来我就顺势乱编旋律，她就笑得更开心了。瑞卡奶奶赶紧抓住时机，请她把衣服穿上，再骑上她的三轮车，出去了。上车时，Kiki 还跟瑞卡奶奶说："我妈妈要去上班了。"一点也没有像之前要黏着我的意思。

这种幽默学语言的方式，以前也用过很多次，基本每次都会让她破涕为笑，解决冲突。能让孩子感兴趣并觉得幽默好玩的事情，需要家长用心去体会，并且让自己的生活状态幽默起来，才会在生活中自然流露出来。

打闹游戏及其他活动

打闹游戏（rough and tumble play）是用各种活跃的身体动作，开心地进行游戏，例如，追逃、枕头仗和旋转飞机（即抱着转一圈突然停下来）。可以自己即兴创编，不过得注意安全。

有时 Kiki 因为某个冲突而不高兴哭闹了，我会给她玩自创的"摇摇摇"的打闹游戏。一般她哭的时候，我会抱起她，亲亲抱抱安慰会儿后，问她要不要玩"摇摇摇"的游戏。然后我就一腿搁在另一腿上，像跷二郎腿的样子。她坐在跷着的脚上，一上一下地摇。有时候，只要我一开始摇，她的情绪就会来个一百八十度大转弯，破涕为笑，边摇还会边乐得笑。我边摇，边利用"摇摇摇，摇到外婆桥"这句开头，自编了后面的儿歌。边摇边跟着节奏念儿歌，顺利转移注意，帮助她调节情绪。这个游戏后来居然成了她美好的回忆，大了后还会让我跟她玩。

除了打闹游戏，其他即兴的自编小游戏也能帮助孩子转移注意。7月11日上午11：50，Kiki在车上睡着了，醒后爸爸把她从车里抱出来。她大哭，我接过来抱着，她继续大哭并且用双脚乱踢，不小心碰到凳子上弄疼了双脚。爸爸好言相劝也无济于事，她哭得更厉害。我耐心地抱着她，让她宣泄情绪，亲亲她的额头（只有亲不拒绝），还告诉她"妈妈爱你"。哭了大概八分钟，她终于缓过来了，依偎在我的怀里，我就顺势用我的T恤衫盖住她的头，问她："Kiki在哪里？"这个自编的游戏以前玩过，她很喜欢。这样玩了几次，她就很开心了。

接下来这个例子，我用创造性活动成功转移注意。Kiki三岁半时有一天，她要看《小猪佩奇》的视频。我建议她休息五分钟再看，因为刚才已经读了七八分钟的电子书了（偶尔看，建议家长以纸质书为主）。她不同意。由于最近冲突和哭闹频繁，这次我有意想避免。见她要开始哭闹了，我就抓起身边一筐磁铁积木，用想象中哥伦布发现新大陆的惊奇口气说："哇，磁铁棒棒！"说着就开始拼搭起来。她在一边看到我拼的长颈鹿，顿时来了兴趣（注意力就这样被转移了），马上投入地去做一只小长颈鹿，还说我那只是长颈鹿妈妈。后来我们还一起创造了各种动物，玩了大概四五十分钟，她没再想起要看视频的事。

这个活动虽然也用了磁铁棒棒的玩具，但是不同于上文的感官吸引。单独的磁铁棒棒本身不一定会吸引她，而是我搭的长颈鹿吸引了她，也就是这个创造性活动本身转移了她的注意。

在使用打闹游戏和其他活动时，通常不需要问她"要不要玩磁铁棒棒？"之类的问题，只要自己开始玩起来就可以了。要不然很容易引起她的进一步抵触情绪。

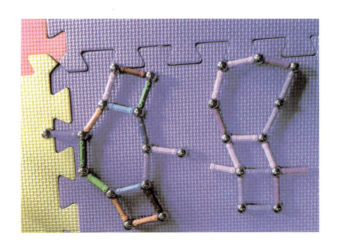

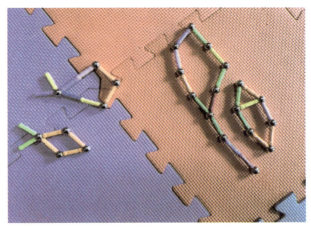

创意玩磁铁棒积木

提问式交谈

这个方法是用提问引起孩子的思考，从而转移注意力。一般要跟其他方法混用。

4月8日上午（Kiki三岁多），她在iPad上画了大概二十分钟的创意画后，我给她读了一本十多分钟的电子绘本，《嗡嗡的大黄蜂》。接着她要看《小猪佩奇》。因为屏幕时间太长了，我建议她等五分钟后再看，让眼睛休息下。Kiki不同意，立马来了脾气，开始哭闹。

妈妈：你可以做到的，等五分钟，对吗？

Kiki：不，要看《小猪佩奇》。

妈妈：你可以看，五分钟后。我们要不要定闹钟？

Kiki：不，一分钟（边哭边说）。

妈妈：太短了，你刚在电脑上看完那本书，那么长的书，要保护眼睛。你喜欢那本书吗，《嗡嗡的大黄蜂》？

Kiki 的哭声开始停下来，若有所思的样子。

妈妈："buzzy，the bumble bee"（我用书名"小蜜蜂"，自编自唱这首歌，还模仿蜜蜂叫的声音，抱着孩子前倾后仰）。

Kiki 不哭了，只是发出"恩知恩知"的声音。

妈妈：这是什么？（顺手拿起一个软球状的玩具问）

Kiki：开心鼠。（她用手拿过玩具，看了看，想了想，说出了答案）

妈妈：这是你给它起的名字吗？

Kiki：是的。

妈妈：我很喜欢这个名字。记不记得这是哪里来的？

Kiki：迈西的生日聚会来的。

这段经历中，转移注意前有一段亲子协商的过程，并没有直接用转移注意而剥夺孩子体验冲突和协商的机会。接着我用了提问式交谈、唱歌、物品和积木活动，转移了她的注意，帮助她平静下来。这一系列的关于书和开心鼠的提问，引起 Kiki 的思考，将注意力吸引过来。她的情绪已大致平静下来。

转换空间

我在 7 月 25 日的日记里，发现了下面这个洗手冲突：

一早爸爸带 Kiki 出去玩了大概一小时后回家吃早饭，按照惯例，玩回来第一件事情是洗手。可是 Kiki 今天拒绝洗手（危机特征来了），要求看《小猪佩奇》的动画片。爸爸说："洗手了再看视频。"她不肯，一开始小声哭，后来就大哭。哭了很久。爸爸今天的回应是"让她独处"，他说："爸爸在书房等你，你想好了，并洗好手了，就可以来书房看视频了。"我在一旁跟她分享了最近一则新闻：圣地亚哥有个两岁孩子，就是因为去市场摸了动物回家后没洗手，不小心感染了病毒，生病了。爸爸提醒我离开，说是因为这样显得好像我们在求她，而事实上，这是规则，有关于卫生安全，必须做到。

我离开的时候跟她说："妈妈知道你因为要洗手而不高兴，可是手还是得洗。我先去厨房了，这样你可以一个人静一静。你等下如果需要妈妈，可以叫我。"过了会儿，她的哭声小了下来，接着她叫我过去，双手伸过来让我抱。我抱起她，亲一亲，告诉她妈妈很爱她。可是她一张口继续要求看《小猪佩奇》。我也重复同样的回应："你知道的，先洗手，再看。每次玩回家都要先洗手。"她继续哭。

接着我把她抱到外面去了，这是个非常好的策略。因为在户外，孩子的各个感官会受到不同的刺激，有助于转移注意。我们一开始看了院子里的番茄。我指着大小不同的番茄，跟她说："这是番茄爸爸、妈妈和宝宝。"这是她那段时间喜欢的比喻。还指给她看因为成熟度不同而颜色不同的番茄。后来看到邻居家夫妇在遛狗，我们打了招呼。还看到扫地车和天上的飞机。太阳照在身上，暖洋洋的，也会给她带来不同的感受。一出门 Kiki 很快就停止哭泣，把注意力转移到这些事物上。

可是这并不代表她能保持对这些事物的专注。没一会儿，她又重新要看视频，又要哭的样子。于是我抱着她去了家里的艺术室，这里有画架和各种绘画工具。我拿起一瓶她喜欢的紫色颜料，问她："番茄是什么颜色，有没有紫色的番茄？"她若有所思的样子，情绪平静下来。我继续问道："你觉得小猪佩奇有没有吃过紫色的番茄？要不要用这个紫色的颜料画番茄？"她不要画画，但是要去厨房烧番茄。这个大闹就这样结束了，真是尽显两三岁孩子的危机特征，哭闹那么长时间，也不妥协。

没一会儿爸爸过来问我是否洗了手，我说没有。可她没看成视频，这个洗手的规则也没有变。只是对于危机期的孩子，有时候规则需要灵活操

艺术室一隅

作，可以看情况稍微缓缓再执行。就像成人，有时候需要有个台阶下。

在上例中，我转换了两次空间：去户外和艺术室。在新的空间里，上文的"感官吸引"发挥了作用。所以在解决冲突和调节情绪时，很多方法会自然地混合使用。

这次冲突后的一段时间里，Kiki 从外面玩回家后刚进车库门，还没等我反应过来，她就会跟我说："妈妈，回家第一件事是洗手。"有时候如果出去骑自行车回来，她不想洗，就会告诉我："妈妈，今天手没碰到其他地方，可不可以不洗手？"我觉得理由充足，会随她去。

我在以上使用六种转移注意的案例中，应用了上文提到过的两个注意点。所以即便是转移注意，孩子也有机会体验情绪和冲突，发展社会情感能力。

第 5 节　陪你和情绪在一起

与第一条转移注意的策略相反的回应，是直面情绪。即，静静地陪着孩子，和情绪在一起。这个"一起"本身就是支持。我通常在 Kiki 能理解一些情绪之后用，大概从一岁半到两岁开始。

陪伴貌似很简单，且是一个老生常谈的话题。但是这里的陪伴，需要注意以下三点：

1. 静而不冷，要能静心体会孩子的情绪与需求，不冷漠，也不心在别处。这是一种富有同情心的令人感到温暖的共情状态。当我们这样去对待孩子，其实是给他们做了"去体会他人情感，富于同情心"的表率，有助于培养孩子发展同样的情绪能力。

2. 容而不忍，即能真正从心底理解并接纳孩子的情感表达（对他人造成伤害的表达除外），而不是强忍着怒火的表面宽容。孩子对父母情绪的感受能力很强，即便我们没有表现出发大火，他们也有可能感觉到我们的负面情绪而受到影响。慢慢地，孩子会感到自己的情绪表达不被接纳而压抑情绪，或者变得易怒且富于攻击性。

3. 迎而不造，是坦然地迎接冲突和情绪的发生这个事实，而不试图去改造孩子。没有在大脑里产生幻象，幻想着孩子应该如我们所愿的种种样子。也没有评判、指责和抱怨，更没有要去改造孩子的想法。只是把思想放在一边，用心陪着孩子，体会他的情绪，看着他，感受他。

8月24日下午，又一次视频冲突。Kiki不听爸爸的建议，看完六分钟《小猪佩奇》后不愿休息要继续看，开始哭闹。我见状走过去，她哭着迎过来。我抱起她，亲一亲，在沙发上坐下来。我猜她没午睡，这会儿应该是困了，所以脾气会大些。她不停跟我说要看《小猪佩奇》。我说她刚看完一个视频，看太久了眼睛要坏掉，得休息一下。她一听就哭得更厉害。我保持安静，开始哼小曲，有时候她会被这个转移注意，可这次不行，她不要我这样，用哭得更厉害的方式反抗，我就静静地抱着她。她继续要求看视频，我就说："妈妈听到了。"但不再解释。

过了一会儿，我说："宝宝在哭，你不高兴了？不高兴的时候，我们要知道自己不高兴，还要知道为什么。因为你没有得到你想要的。真实的生活就是这样的，我们不是任何时候都可以得到自己想要的。不高兴的时候可以哭，把情绪释放出来很好。还可以打那个红红的拳击球。"这么长的一

句话，我是说说停停才说完的。我一说，她便会哭得更厉害，似乎在抗议。于是我就会停下来。不过过一会儿我又开始指出她哭的行为和"不高兴"的情绪名称，再强调"可以大哭发脾气"。接着她又会大哭。我就不再说话了，放下了所有的念头，全神贯注地倾听她的哭泣，感受她的情绪。就这样静静地陪着她，给她擦擦眼泪，亲亲她（她不拒绝）。没过多久，Kiki 就自己安静下来了。从她一开始哭到停下来，全程大概不到十分钟。

在这个例子里，"转移注意"与"解释原因"两种策略都没能解决冲突并缓解情绪。我一开始的陪伴，也没有用。问题出在：

第一，我脑子里被情绪教育占据着，没有做到静而不冷地共情。具体表现在：我说了很多话，包括给情绪命名，即"不高兴"，帮助她认识情绪，并告诉她应该怎么做。这个时候显然不适合做任何的'情绪讨论'。如果动不动就想着"抓住教育契机"，便容易忽视最基本的共情。更何况那些教导，很容易激发她的危机特征而引起更强烈的对抗情绪。

第二，没有做到迎而不造而试图去改变她。表现在：我告诉她应该怎么做，而且是适用于成人的高要求和讲道理，对那么小的孩子来说，即便在平静的时候，在认知上也没法理解这些。

第三，我虽然告诉她"不高兴的时候可以哭，把情绪释放出来很好"，貌似接纳了孩子的情绪，自己也没有负面情绪，更不用故意装着忍着，但是我说的一堆话，就是在教导孩子，如此试图去改造的背后，意味着没有真正地接纳。

当我最后放下情绪教育的念头，选择闭嘴，用全神贯注的倾听行为接纳并感受她的哭闹，且没有试图去改造地陪伴时，她就不再对抗而很快调整好了情绪。类似的例子，不胜枚举。

这种"静容迎"式的陪伴本身，就是一种强大的支持。在孩子经历负面情绪时，他需要的是支持。如同成人，当别人能倾听和体会我们的悲伤时，是最好的疗愈。

充满情绪的冲突时刻，是促进亲子关系变亲密的好时机。而父母的"静

容迎"式的陪伴，有助于发展孩子的情绪调节能力以及对负面情绪的包容
能力。然而，在实际操作中经常遇到的情况可能是"火冒三丈了，还能想到
这些！"。如果我们把每次带有强烈负面情绪的冲突，都当作一个练习"静
容迎"式陪伴的机会，慢慢地就会了。

"陪你和情绪在一起"需要注意的三点

第 6 节　勿忘孩子的身体需求

记得我自己是没有实战经验的新手妈妈时，很容易因为关注孩子的心理需求，而忘记她的身体需求。Kiki 困了、累了或是身体状况不好的时候，就特别容易出现第二章里说的危机特征，让我感觉十分有挑战，一不小心就起冲突。

7 月 21 日中午，我提醒 Kiki 午睡，她不肯睡，自己一个人躺在地毯上。到了大概 2 点钟，她要我抱，又哭又闹，可能是困了。但我带她去睡，她又不肯。我就抱着她，而她继续折腾哭闹。我觉得她太折腾，说了她几句："中午该睡的时间不睡，但其实你的身体又很困，困了就闹，哭哭闹闹的！"我一说她，她就哭得厉害一些。就这样折腾了好一会儿，后来她要喝牛奶，喝完才在我怀里睡着了。

其实我一开始虽然知道 Kiki 是因为困了闹脾气，就是平时我们说的"闹觉"，可后来就忘记了，以至于觉得她太折腾而责怪她。如果我自始至终都牢记她很困要睡觉的需求，就不会对抗和指责而激化冲突。

我当时跟她的互动方式，简直就是把她当大人了。大人是困了不哭不闹就睡觉，我期待她这样。而她一哭闹，我就进入了这个冲突的剧情，彻底忘记孩子困了，需要睡觉。更没有想到顺着孩子，并帮助她实现想要睡觉的身体需求。

　　记住孩子的身体需求，理解了才会更有效地支持孩子满足这个需求而有效应对冲突。

第 7 节　情绪角

在家里的某个角落，创设情绪角，不失为一个处理情绪、解决冲突，并促进孩子情感能力发展的好方法。情绪角的存在，还可以让我们增强主动调节情绪的意识，并学会认真对待和处理情绪。

如何布置和使用情绪角？

可以在家里选择比较僻静的角落，作为情绪角。以温馨、舒适和隐蔽为宜。在情绪角，放一些软垫，可以让人舒适地躺着或坐着。再放几本关于情绪情感的绘本，有时它们有助于稳定情绪。墙上可以贴一些配有文字的不同情绪的图片，在情绪讨论时，用来帮助孩子识别和理解情绪。

情绪角还可以投放一些直接用来调节情绪的工具，比如干花或自制花，用"闻花香"调节呼吸，以此调节情绪。Kiki 从《老虎丹尼尔》的动画片里学会了用深呼吸调节情绪的方法。"闻花香"是这种方法的另一个名称。花，不仅是深呼吸的道具，还会起到提醒孩子和成人去调节情绪的作用。如果没有花，也可以用其他物品代替。在实际冲突中，如果孩子哭闹有很多情绪，你抱着孩子去情绪角，拿起花给他，他可能会拒绝把花推开。这时候你可以缓一缓，与他共情，就像你自己有这个情绪那样。然后拿起花，放在自己的鼻子前，开始"闻花香"。这是在给孩子创造情绪调节的范例。至于孩子怎么回应，不需要我们去控制或预设，当下去观察感受就可以，更无需要求孩子跟你一起闻花香。正如蒙台梭利所言，成人在儿童的学习与发展中的角色，只是帮助者。我们给孩子创造了情绪调节的环境，就可以了。特别是这个年龄段的孩子，你越是在冲突中试图指导，就越可能引起对抗。

我家的情绪角。可用废旧纸箱自制类似的情绪角

我家的情绪角投放了一个立式拳击球，像不倒翁一样，可以用来击打或踢。有一次冲突中，Kiki 的情绪很强烈，她躺在地上哭闹，边哭边用双脚像击鼓一样踹身边的一筐书，把它踢倒了。我和颜悦色地跟她说："书筐不是拿来踢的，因为你可能会踢疼自己的脚，或者把书筐踢坏了。"说着，我就把情绪角的拳击球拿来给她踢。

过了一段日子后，有一次她看到我不高兴的样子，居然淡定地来了一句："Go kick the ball."（去踢那个球。）看来她已经有主动调节情绪的意识了。这个球平时用到的机会虽然不多，但是它在 Kiki 那里，已经成了处理情绪的一种方式，为她今后能更好地面对和管理情绪，迈开第一步，也是提醒她主动调节情绪的信号。

使用情绪角时，要让孩子感到那是他喜欢去的地方，温馨而安全。千万不要以惩罚的方式，像宵禁或关黑屋子，让孩子去那儿待着。这对两三岁的孩子来说，是一件很恐怖的事情。由于他们的情绪处理在极大程度上依赖成人，所以一般需要一位家长陪伴着他，一起去情绪角。等孩子长大些了，就会自己单独去那儿，自然而然地把情绪角作为一种处理情绪的方法。

第 8 节 "各退一步"的过渡

Kiki 三岁零八个月的那天早上,我建议跟她一起出去散步,她答应。可在车库穿鞋子时,她要求坐推车。我说:"这不行吧,你得运动。"于是她就说:"我骑一小圈滑板车,再坐一大圈推车。"

我觉得这个办法真是好极了!她既运动了,又满足了坐推车的需求。而这个处理冲突的方法,可能源于她更小的时候,我和她爸爸实践的"各退一步"的过渡做法,即,在拒绝孩子的要求时,适当妥协,给他提供一个缓冲的机会,帮助他接纳需求没被满足的情况,并调节因此生出的负面情绪。而不是一开始就直接拒绝,因为那样往往会引起孩子强烈的情绪反抗,这跟两三岁年龄的危机特征有关,过了这个年龄阶段,可以少提供过渡时间,或者一开始就拒绝。比如,孩子在你很累的时候,让你不停地给他读绘本,你可以告诉他:"妈妈很累了,需要休息。我再给你读一本,就不读了。"(不用问他可不可以)"再读一本"这个妥协,就是给孩子提供了过渡性的支持,从而部分地满足孩子的需求,也能照顾到自己的需求,平衡了亲子各自的需求。

第四章里"少控制，多顺从"的赋能法里，提到过用这个"各退一步"的方法做到"顺从有度"。同样的策略在这节用来在冲突中支持孩子走过冲突，调节情绪。

Kiki 满两周岁时，开始接触手机视频，每次只看五分钟。一天，她用手机看歌曲。一开始我们就说好了时间，大概快到时间时，我就提醒她"再看一遍就不看了"。通常这个办法很好用。如果这个不行，可以轻轻且平缓地在一旁数数，从十秒倒数到一秒，以此给她一个缓冲的机会，创造时间以帮助她准备好停下来，而不是说停就马上强迫她停下来，如果停不下来，大人就发火。很多亲子冲突就是这样激化矛盾，让情绪升级的。虽然闹一场后，冲突会结束，但是在那个过程中，孩子并没有得到很好的练习自我管理的机会，而是跟着大人大发一通脾气，久而久之，发脾气就可能成了他应对冲突的方式，而自我调节情绪和行为的能力却没有得到练习和发展。这种应对方式还可能代代相传。

还有些时候，如果成人妥协了一两次，孩子还要继续坚持怎么办？这类冲突在与 Kiki 的互动中，并不少见。

Kiki 两岁零八个月的一天，我下班回家，饥肠辘辘正要坐下吃晚饭，她来拉我去她的厨房玩。我说："妈妈很饿要吃饭，只能陪你玩几分钟。"Kiki 当时答应了，可时间到了，我要回去吃饭时，她追过来。我再陪了她一会儿，完了后我回来吃饭，她又跟过来拉我的衣服，让我陪她玩。这次我拒绝了，Kiki 就哭。我抱了抱她，继续吃饭，并说："流眼泪了，不高兴了？我知道你还想跟我玩。妈妈很爱你，吃完饭就会陪你玩，但是我现在饿了，要先吃饭，请你等一等。"我还亲亲她。她继续哭了会儿，我继续吃我的饭。吃完后我说："妈妈现在可以跟你一起玩了，谢谢你等我！"

接下来的一个多月时间里，类似换汤不换药的冲突发生过几次，我都做了适当的妥协以给她提供"过渡"的机会。慢慢地，Kiki 有了变化。

一个多月后的一天，出现了第四章第 2 节中提到过的 Kiki 要我陪玩而

143

不让我去吃午饭的例子。我退让了"八分钟"陪她玩，然后去吃饭。

后来她更大一些了，在类似的情况下，我就会直接拒绝她，即便她再要求一次，我也不再提供"过渡"的机会，她也能很快接受，毫无后续的矛盾。再到后来三岁多，我就发现她把我们对她用过的方法，应用到自己身上，学会"退一步"了，出现了本节开篇的例子。

从这个"不让吃饭要陪玩"的冲突系列中，可以看到 Kiki 从一开始不适应，到后来很顺利地接纳的过程，并发展了适当妥协这个很重要的社交能力。

以下总结了"各退一步"的过渡的使用要点：

1. 何时用？

需要拒绝孩子时用，特别是当孩子的要求与自己的基本需求冲突时，无需一味地顺着他，而是退一步获取平衡。有些书上建议家长用真实的直接拒绝孩子的方法，做到爱孩子的同时也爱自己。这个方法对三岁后的大点的孩子适用。但是，对于三岁前的小小孩，并不是直接拒绝这么简单。首先直接拒绝不适合频繁使用，只能偶尔用一下。大部分时候得尽可能地满足孩子的需求，以免造成长期的匮乏感和其他心理问题。其次，拒绝后得帮助孩子过渡一下，适当做点妥协。因为小年龄段的孩子需要支持。

对那些怕拒绝孩子的家长来说，需要放下这种紧张，因为在爱的大前提下，有时孩子的需求不被满足，不会对他们的心理造成负面影响，反而这种平衡，对性格发展有好处。而提供过渡这个策略，能帮助实现这种平衡。

2. 有爱地拒绝

除了告诉孩子"我很爱你"外，有爱的拒绝是平和而不发脾气的。发脾气或态度不好会激发孩子的负面情绪。有爱的拒绝是真实。告诉孩子你自己的需求和不能时时如愿的生活真相，为以后孩子能尊重他人的需求奠定基础。有爱的拒绝是设定界限。面对这么小的孩子，虽要多顺，但也要有界限。这里的界限是：知道别人的需求。这点在孩子自我开始发展的同时进行体验，有助于更健康地发展自我。孩子在认知上还不明白这个道理，但需要体验。成人给孩子创造体验的机会，是这个年龄段最好的学习方式。

比如上例中，妈妈饿了要吃饭，这是妈妈的事，得由妈妈决定，不需要征求孩子的意见"妈妈可不可以去吃饭"。而孩子，可以表达自己希望妈妈陪玩的需求，但需要慢慢学会那不由他决定。有爱的拒绝不是道德绑架。当孩子答应了却出尔反尔时，你的心里是否会升起一个声音："这孩子怎么说话不算话。"放下这样的道德要求，答应了做不到对孩子来说很自然。更不要拿出"我为你……你居然……"的道德绑架，认为自己为孩子做了很多，孩子就得怎么样，那种等价交换，太复杂，两三岁的孩子不懂，更不是爱。

3. 做支持者

拒绝不意味着不支持。相反，成人在冲突中的角色是支持者，不是发火的对抗者，也不是"我让你干吗你就得干吗"的权威者。就像上文的案例中，我始终扮演了"支持者"的角色，即，无论是否情愿，都做了适当的妥协，给她提供缓冲的机会，虽然这个过程对我来说并不容易，但得努力去练习。这个妥协，会起到榜样的作用。还需要有耐心，慢慢等待，孩子从不会到会，需要时间。

使用"'各退一步'的过渡"需要注意的三点

145

第 9 节　回忆成功体验

回忆成功体验，可以用在孩子不愿意做某件事而引发的冲突中，特别是遇到挑战时。我们可以帮助孩子回忆过去的成功体验，以此激发他去做这件事的积极性，从而解决矛盾。

7 月 13 日的早上，Kiki（三周岁）不愿意去练溜冰。说起这双溜冰鞋，是她跟我说了很多次，对溜冰表达了非常强烈的兴趣后，我才终于给她买的。以前一直都没找到适合她尺寸的最小号溜冰鞋，所以拖了大半年。Kiki 刚得到溜冰鞋时的兴奋，我还历历在目。可没几天，也许因为新鲜劲儿过了并开始遇到挑战了，她就不想练习了。爸爸用了各种方法，都没能让她继续。

其实孩子遇到困难会表现出抵触的情绪和放弃的行为，很自然。由于我一直认为，对一件自己喜欢的事，一旦决定去做，就不要轻易地中途放弃，所以对这类矛盾冲突，我会主动介入，而不是置之不理，给孩子所谓的"自由"。但也不会去强迫她，而是用一些能激发孩子主动性的方法，比如想象游戏等，让她自己想继续去做。

回到那天早上，爸爸劝不动 Kiki 练溜冰后，我突然想到心理学家阿尔伯特·班杜拉（Albert Bandura）的自我效能理论中，培养自我效能发展的因素之一：成功体验。我就想，把它用在这里也许可以解决这个冲突。于是，我开始帮她回忆。请看下面的实录对话：

> 妈妈：你觉得你的三轮车骑得怎么样？
>
> Kiki：很好。
>
> 妈妈：自行车呢？
>
> Kiki：很好。
>
> 妈妈：滑板车呢？
>
> Kiki：很好。（说着露出微笑。她最近最喜欢骑滑板车了，是那种因为技能娴熟后的自在）
>
> 妈妈：你觉得你一开始就能骑得这么好吗？
>
> Kiki 摇摇头。我快速把手机里她以前刚开始学这些运动器械时的视频找出来给她看。她边看边微笑，似乎是那种看到以前还不会，而现在已经掌握的满足感。
>
> 妈妈：那你是怎么学会的呢？
>
> Kiki 想了想，蹦出一个词 "practice"（练习）。凑巧，这个词在她最近读的一些绘本里，出现过多次。
>
> 妈妈：对啊，多练了就会了。你看你通过练习，把三轮车、自行车和滑板车玩得那么好，接着就是溜冰了。你能行！

说完，Kiki 就开心地去练习溜冰了。

我通过回忆而重温成功的积极体验，再次激发她去面对学会溜冰的挑战，冲突就这样解决了。这之后的日子里，她也出现过不想去练的情况，我用同样的方法提醒她，并且每次请爸爸给她录像，记录和肯定她的点滴进步。慢慢地，每天去练习溜冰，便成了习惯。就这样，大概过了一两周后，她就会独自溜了。还记得那天她一进家门，就兴奋地让爸爸给我看手机里的录像，说她自己会溜了，满脸洋溢着成功的喜悦。而这些通过努力而战胜困难后获得的成功体验，不仅给孩子的人生之初积累了正面积极的经历，而且会让他们发展出真正的自信和自我效能感。

平时类似的例子还有很多。比如有一天早饭后，我和 Kiki 出去散步，她骑滑板车。没一会儿她就不肯自己走了，愁眉苦脸地要我抱。冲突来了，因为我没法抱她回家，太远了。我说："坚持！挑战自己。你记得上次从高中自己回来吗？" Kiki 很快想起来了，立马笑逐颜开，兴奋地跟我说："是，有两次。"一次是和我一起，她中途不想骑自行车回家。还有一次是和爸爸一起，中途不想骑滑板车回家。那两次的确是非常远的路途，对她来说极具挑战。但是我们鼓励她坚持自己走到家。经过努力后见到彩虹，那样的成功体验，似乎更令人刻骨铭心。很长一段时间，Kiki 经常主动说起此事，很引以为豪。就这样，她毫不犹豫地继续往前走了，一直到家。

回忆成功体验解决冲突的方法，还可以跟诸如想象游戏和鼓励等方法一起使用。比如，上例中 Kiki 愿意继续自己走回家后，我建议扮演不同动物走路，边走边玩，很开心。其实，平时跟孩子相处，特别是经历冲突时，是创意无极限的有趣体验。带着这样的心情去练习使用"回忆成功体验"的方法，去面对冲突，会事半功倍。

第 10 节　提供替代

Kiki 三岁半时的一个晚餐，她情绪不佳，可能是因为没午睡困了。一到饭桌上，她就开始闹着不要吃饭而要看《小猪佩奇》。我同意她吃完饭再看。接着她要吃糖。我说："可以，但要先吃完饭。"由于她以前吃了甜食就不吃饭了，所以就有了先吃饭后吃甜食的要求，她其实知道这点。但是她不高兴，大哭。过了一会儿后，我开始给她提供可以替代吃饭的其他选择，都是她平时喜欢的："如果不想吃饭，你有几个其他选择：第一个，吃香蕉；第二个吃纯酸奶、麦圈加蜂蜜（她最近喜欢吃的）；第三个是直接在锅里吃（这是她以前觉得好玩的吃法）。"她不要选，还是坚持要吃小熊软糖。我说那你自己找一个可以当晚饭吃的。她什么都不要吃，继续坚持。

后来我又给她重复刚才的三个选择，她哭着说："我不想，我想吃小熊软糖。"我说："嗯，妈妈知道你想吃小熊软糖，但是你没吃晚饭，而且平时你要吃糖的时候，都是吃完饭再吃。你记不记得上次也是这样，你哭得很厉害，可是你有没有管住自己吃完饭再吃？"她点点头。

虽然这个回忆成功体验的策略，平时很好使，但今天没有立马生效，她继续哭。于是我安静陪伴她，依旧抱着她："好，妈妈等你准备好，选哪个吃。"没一会儿，她平静下来，选择吃无糖酸奶麦圈加蜂蜜。自己吃完后，再吃小熊软糖。

事后，我试着跟她进行了一次反思式的讨论（即第八章情绪讨论）。我问她："刚才的冲突是，你饭没吃完就要吃小熊软糖。我们用什么办法解决了这个冲突？"她说："吃酸奶麦圈加蜂蜜。"我当时有意跟她讨论这个，是为了使她意识到冲突，并知道它可以解决，同时感受"替代"是可以解决这种冲突的方法。

这简短的谈话之后，Kiki 去楼上找爸爸，她居然兴致勃勃地跟爸爸说刚才的事："我饭没吃，可是吃了酸奶麦圈加蜂蜜，然后就吃到小熊软糖了。"我是在楼下隐约听到她这么说的。爸爸后来跟我说，她把前因后果说得很清楚。我不知道她为什么那么高兴地赶紧去跟爸爸分享这件事。我感觉不只是因为吃到了小熊软糖，可能还有自己做成了这件事的成功喜悦。无论是什么原因，至少从她的兴奋劲儿里，可以看到这对她来说是一种积极的体验。

在以后的一些冲突中，Kiki 有时不想吃饭，她自己就会提议："我不想吃饭，可不可以吃酸奶？"她知道，食物是要吃的（这是健康和长高的保证，她很期待长高）。但是，吃什么，是可以灵活选择的，而且她也能自己找到替代物。

在各种冲突中，提供替代，可以让我们避免用非左即右的粗暴方式回应孩子。而像上例中亲子之间一来一往的协商，为孩子提供了练习沟通和解决问题的机会。

第 11 节　弥补式赋能

弥补式赋能，是指在不能满足孩子的需求时，用赋能的方法，弥补他以平衡心理。

6月9日傍晚，Kiki 要吃雪糕，我说："你今天吃了太多甜食了，不能再吃了。"她听了不高兴地哭了。我问她要不要吃无糖酸奶加蜂蜜，她说不要。我开着冰箱，她看到吃饼用的枫糖浆，就要吃酸奶配枫糖浆。可她不要在酸奶瓶里吃。我就把酸奶倒到她的碗里，又问她是否想要自己倒枫糖浆，她欣然接受，很开心。

Kiki 吃雪糕的要求没得到满足后，我用了三个弥补式赋能：

- 给她提供替代的更健康的食品，即，无糖酸奶加蜂蜜；
- 答应她不在酸奶瓶里吃的要求；
- 请她自己倒枫糖浆，而不是我给她倒，让她掌握倒多少的决定权。

这些赋能，是对她受挫后很好的弥补，帮助她平衡心理，有效解决冲突，并调节情绪。

第 12 节　我先做

前文已经提到过，如果直接要求两三岁的孩子做某件事，往往会遭到拒绝。解决这类冲突的另一个方法，是我先做起来。即，不要直接叫孩子去做，而是自己先去做那件事，他很快就会参与了。

很多时候，我要是叫 Kiki 过来吃饭，她不会过来。于是我不再继续叫她，而只是告诉她"妈妈去吃饭了"，接着自己坐下来吃，她没一会儿就过来了。有些东西她不吃，我也不劝，而是自己坐那儿吃，她有时就会主动要求尝，让我给她吃。如果我想给她读书，就在她旁边拿起书看，她很快就会过来一起看，而不需要我去叫她。

跟很多其他方法一样，"我先做"这个办法不是每次都奏效。但很多时候很有帮助，特别是对三岁前的孩子来说，比大些的孩子更有效。

Chapter 8

第八章

抓住冲突后的契机

第 1 节　发脾气后，如何补救？

　　有些家长对着孩子表达了负面情绪后，除了后悔和自责，不知道可以做什么。其实好父母并不意味着永远保持和颜悦色，也不必完美无缺，而是冲突后会补救和修复。本节介绍补救的三步骤：**"对不起—与你无关—很爱你"**。

　　举个例子，冲孩子发完脾气后，你可以这样对他说：

"对不起，我刚才凶你了。因为我不高兴，声音就变大了。你感觉怎么样，没被吓到吧？

我凶你，其实跟你没关系，是我没管好自己的不高兴。我正在努力做好。

我跟以前一样爱你！"

补救的第一步，"对不起"，是为自己发脾气向孩子道歉，解释为什么会这样，并关心孩子的感受。为自己的负面情绪给孩子道歉，一来让孩子知道这样的情绪表达不合适。二来让孩子知道家长也会犯错误。慢慢孩子大了会知道大人也是不完美的，我们可以不完美。有些家长担心自己跟孩子道歉会失去权威，其实不然，它会增进亲子关系。

解释说明时命名了自己的情绪"不高兴"，有助于孩子学习和理解情绪。对于理解力很好的孩子，或者大些的孩子，我们可以进一步解释为什么会不高兴而发脾气。比如："妈妈还有很多工作要做，本来打算你睡觉后再去工作一会儿，可你迟迟没睡着，当然，你不睡着是可以的。但是我怕没时间工作，就着急了。一着急，就不高兴了。"

最后关心孩子的感受，是检查他的情绪，避免他无意中将负面情绪滞留在潜意识里，慢慢积累起越来越多的阴影材料而影响健康。没有处理的负面情绪，是不会自动消失的。

补救的第二步，"与你无关"，是让孩子明白"不是他的错"。这是重中之重。成人在亲子冲突中发火，孩子会无意中将其归咎于自己。告诉孩子成人发火跟他无关，可以避免他们产生不良的自我感觉。由于孩子在社会互动中建立起对自我的认知，这种不良体验会促进低自尊自信的性格形成。此外，告诉孩子"与你无关"，可以避免孩子承受过多的情绪压力而导致身心不健康。同时也给孩子树立了"我的情绪我负责"的榜样，而不是抱怨他人引发自己的负面情绪。

就像第六章家得宝超市门口掉水瓶的例子，当那位妈妈带有情绪地指责孩子并说"你觉得妈妈会高兴吗"时，她传达给孩子的信息是："你让我不高兴了，都是你不好！你要为我的情绪负责。"这会让孩子觉得自己很糟糕。也有可能因此不会对自己的情绪负责，因为他从小就从妈妈那里看到，她不为自己的情绪负责。今后在自己的社会关系中，他可能会随意表达负面情绪，发展出较弱的情绪调节能力。

最后一步告诉孩子"很爱你"。说的同时可以亲亲抱抱他。这会让孩子放心，冲突不会影响父母对他的爱。而亲子之间的情感，也因此而重新联结。情感重联后，才算是给冲突画上了句号。

写到这里，也许有人要问了："难道孩子摔东西了，我还要向他道歉，说是自己的错？"

"摔东西"属于孩子的行为问题，不能跟成人的情绪问题混为一谈，一码归一码。成人向孩子道歉的是"发脾气"，而不是孩子的行为问题。如果孩子的行为有问题，可以走完以上三步骤后，再处理。

记得 Kiki 两岁零七个月的一天，我由于严重缺乏睡眠感觉不适，希望在家休息，可她却要我开车去公园玩。到了公园，她要吃东西，并且边吃边玩大型玩具。我觉得这样很不卫生，就提醒她不要碰玩具。当时她听了，可后来又忘了。说了几次后没改变，我明显感到自己的脾气上来了，居然就让她不要吃了，回家。她哭着过来，我就抱她回去。

到了车里，她一坐下来就抬头盯着我看，是那种察言观色很懂事的样子。我从一开始就意识到自己不应该这么粗鲁地对待她，更何况她边吃边玩再正常不过。好在，当她看我的那瞬间，我已经调整好了情绪，并对她微笑。她看到我笑了，也笑了一下。像往常一样，我亲了她的额头。我知道这样的情绪突变需要解释，同时也需要补救刚才自己带有情绪的粗鲁行为。该是跟她沟通的时候了。

妈妈：宝贝，妈妈刚才生气了。

Kiki：（点点头）

妈妈：妈妈为什么生气?

Kiki：（想了想）因为手弄脏了。

妈妈：嗯，其实你手弄脏了，妈妈也不需要生气的。你并没有做错什么。而是妈妈没管住自己的不高兴，让它跑出来了。我昨晚没睡醒，今天很不舒服，总是感到要发火。对不起，妈妈刚才对你态度不好，也没有耐心。不过妈妈还是跟以前一样爱你。

Kiki：（听得很认真的样子）

妈妈：妈妈刚才担心你边碰大型玩具边吃不卫生，你有什么办法可以不弄脏手？

上面这段经历，我处理完了补救三步骤后，尝试着跟她讨论卫生习惯的问题，即把"我的情绪"和"她的行为"分开讨论。如果是孩子需要禁止的行为，比如摔东西以及去别人家玩时未经允许随意翻动物品，成人得当场制止并直接告诉他"不可以"，最好再解释一下为什么不可以。

本节冲突过后的补救与沟通，其实是情绪讨论的例子。请看下一节，进一步了解情绪讨论。

第2节 情绪讨论

冲突之后，当情绪平静下来时，是进行情绪讨论的好时机。它不但能继续处理冲突中没处理完的负面情绪，或者像上文那样补救没回应好的冲突，还可以促进孩子对情绪的理解和调节等情感能力的发展。遗憾的是，很多父母在平时不会有意地去抓住这样的教育契机。而当孩子长大上学了，发现他们情感能力发展薄弱并导致社交问题时，才开始担心应该怎么办。如果从三岁前就注意培养孩子的情感能力，就可以简单有效地避免很多未来的问题。

如何进行情绪讨论？

情绪讨论，可以谈什么？

它的内容可以是：

● 像上文中的解释说明事实情况，或者说明情绪的原因和后果，这个叫作"解释性情感讨论"，研究表明，它能促进儿童情绪能力的发展；

- 情绪指导（参见第五章）；

- 情绪调节的方法；

- 简单地分享情绪体验和自己对情绪的观点；

- 使用情绪词汇，或命名情绪。

讨论的内容可以不拘一格，没有规定，只要跟情绪情感有关就可以。形式可以灵活多样，时间可长可短，看孩子的反应而定。比较适合进行情绪讨论的时机，是双方情绪平静或稍微缓和下来的时候。如果孩子的情绪在冲突之后还没平静下来，情绪讨论可以起到安抚的作用。不过，成人一定要已经调整好情绪，或从头到尾都没有升起过负面情绪。

五大原则

情绪讨论的五大原则是，轻松愉悦、不强迫、不指责、不评判且不说教。一开始，成人可以用轻松幽默的表达方式，营造愉悦的交谈氛围。交谈过程中，成人可以简单地提问、用心倾听和感受，并平等地分享自己的想法。不强迫孩子回答，不消极指责，也不做对错的评判，更无需说教。说教不同于解释性情感讨论，因为它带有教训和抱怨的消极意味。而解释性的讨论，是分享事实，明晰因果。

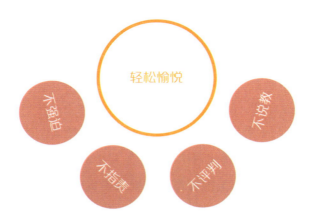

情绪讨论的五大原则

举个例子。

妈妈：刚才有没有人哭？（微笑地问）

Kiki：有。

妈妈：是谁哭了？

Kiki：妈妈。（笑）

妈妈：哦……（发笑）可以哭啊，记不记得为什么哭？

Kiki：没有《小猪佩奇》看。（有时候她会告诉我，有时候不会说）

她说完就跑开了。最开始类似的谈话中，Kiki会如实回答说"我哭了"。可后来她有时会幽默一下，故意说是"妈妈"哭了，然后在那里调皮地笑，我就跟着笑。整个过程幽默愉悦。谈话中两个人的关系平等，不是家长牛得不行去教育和指责孩子。千万不要把这样的交谈，变成无趣的说教，或带着有意无意的评判和试图修正孩子的行为，比如，"你怎么哭了，羞羞"之类的。

上面例子的对话，似乎还没有结束，可是她已经跑开了，于是情绪讨论就这么结束了，我没有叫她回来继续，更不适合要求她继续或者一开始强迫她回答我"刚才有没有人哭"的问题。很多次我试图跟她交谈，但她不怎么理我，明显没兴趣，我就等等再试，不过基本不会隔天，因为孩子容易忘记。再尝试如果还没成功交谈，那就算了。或者，我可以跟她分享自己的观点，但她可以不用回答。谈话的时候也不要有什么预设，一定要达到什么目标或效果之类的，这样一不小心就会让孩子有压迫感。

两大步骤

其实情绪讨论不需要什么步骤，只要记得去尝试，就是最好的开始。为了操作方便，我总结了情绪讨论的两大主要步骤。先来看一个案例。

Kiki刚过三周岁，那天很反常，看视频不肯停下来，大哭大闹。我静静地陪着，等她闹完情绪平稳点后，我有意与她进行了情绪讨论，大概有四分钟之久，这个算是比较长的例子，有全程摄像，以下是部分文字记录。

妈妈：你刚才流眼泪了。嗯，可以哭。妈妈抱会儿吧？（同时亲了一下她）

Kiki：妈妈。（还有点小抽泣）

妈妈：你没有看到视频，不高兴了，是吗？

妈妈：我发现你的眼睛都看红了，是不是看得太久了？如果经常这样，眼睛可能会生病哦。

Kiki：（没吭声，但是听得很认真）

妈妈：我们有时候要管一管这个"不高兴"。它可能不太好管，但是我知道你能行。你记不记得上次吃饭时，你要吃两颗小熊软糖，可爸爸让你吃完饭再吃。一开始你也像这次一样哇哇大哭，后来你有没有管住自己的不高兴？

Kiki：（点点头）

妈妈：对啊，你做到了。你能行！这次也能管住自己。

妈妈：妈妈刚才看到你踢桌子和书筐了。有没有踢疼自己的脚？

Kiki：（妈妈说到书筐的时候，Kiki扭头往书筐那儿看，很认真地听着妈妈说话）

妈妈：你觉得能踢这些东西吗？这样会弄疼自己，也可能踢坏东西。下次你如果有情绪了，想要踢，可以踢什么？

Kiki：（若有所思的样子）

妈妈：哦，看，可以踢这个软软的小球，还有你的足球。球才是拿来踢的。

讨论结束后，Kiki的情绪已经完全平静下来。我问她要不要看刚才的录像，看看自己哭闹的样子。问的时候，我用了非常愉悦好奇的语气。她点点头，我们就一起回看了录像。

情绪讨论后，Kiki 平静下来享受妈妈的怀抱

这个例子应用了情绪讨论的两大步骤。

第一步，描述、命名并认可情绪。

你可以在上例中，找出描述、命名和认可情绪的地方吗？

其他的例子还有："我发现你的眉头皱起来了（描述情绪），是不是生气（命名情绪）了？""是啊，这的确是一件令人生气的事（认可情绪）。"

很多时候，当我在 Kiki 哭闹当下命名她的情绪时，就会招致她更激烈的情绪。但是上例中她情绪稍微平静后，就没问题了。也许不喜欢负面情绪是人的天性，但也有可能是因为命名方式不合适引起她的对抗。可以尝试用提问的形式命名情绪，比如问孩子"是不是不高兴了"，而不是告诉她"我知道你不高兴了"。这样做一来更尊重孩子，那是他的情绪，他才是知道自己情绪的人，不需要被别人告知。这个阶段的孩子，正在练习"自我"，不喜欢被冒犯。

有一次我们的情绪讨论被一旁的爸爸看到了，他说我不应该问孩子这些情绪词汇，因为这可能会把她的情绪导向我猜测的框架里。他建议问更开放的问题："你感觉怎么样？"我有不同的观点，因为这个问题适用于大些的孩子或成人。对于还没有接触过情绪词汇的小小孩，问这样的问题，不会得到答案，因为孩子不知道怎么回答。

爸爸还说："其实不需要问，为什么要让孩子命名自己的情绪呢，只要让她感受到就可以了。更何况，情绪是很复杂的，这些词不一定能准确地形容。"

爸爸说得有一定道理，"感受"情绪十分重要，但是这不代表无需命名情绪。加州大学洛杉矶分校的精神医生西格尔教授，从脑科学的角度，指出命名情绪可以让人平静下来。从心理学角度讲，命名情绪能提高情绪意识，从而调节情绪。它还可以帮助孩子习得与情绪相关的词汇，同时把体验到的情绪感受与相应的词汇联系起来，快速理解情绪和词汇，发展识别和理解情绪的能力，为沟通情绪奠定基础。

第二步，讨论处理方法。

在上例中，我们讨论了负面情绪的处理方法，即踢球。同时指出了踢桌子和书筐的不合理行为及其原因。我们还回忆了过去"小熊软糖"的经历中，Kiki 成功调节了情绪的体验，以此鼓励并帮助她，发展情绪调节能力和自我效能感。

如果冲突中孩子发火了用手重重地拍在成人身上，即我们成人说的打人，事后情绪讨论时可以问孩子："生气时不能用手拍别人的身体，但你又很生气，可以怎么办呢？"这一步对两三岁的孩子来说比较有挑战，他们对你的问题，可能不太会有回应，或者答非所问。这不意味着你就要放弃讨论，除非他不想讨论而离开了。如果身边有孩子喜欢的娃娃或毛绒动物，可以顺手抓一个，模仿它的声音回答自己的问题，演一个对话，让孩子了解合理的行为要求和冲突的处理方法。这种问答式的演绎，会让孩子觉得好玩，并从中学会处理情绪和冲突的方法，发展其社会情感能力。

如果情绪讨论不像上例那样在冲突后马上进行，可以等孩子空的时候，并在开始谈话之前，问他："我可以跟你说会儿话吗？"如果他说好的，再开始。如果他拒绝或不在状态，你就得另找时间。这样不但尊重孩子，而且会让他对交谈更有意识。

与两三岁的孩子做情绪讨论，貌似没有太多实质内容。但是可以发展情绪识别、理解和调节等儿童早期要发展的关键情绪能力。不仅如此，它如同种花，把种子撒下去了。等孩子长大些，比如三五岁时，情绪讨论内容会丰富很多，讨论时间也会变长，效果也更好。Kiki 四岁时有一次情绪讨论长达二十多分钟，我从讨论里了解到她不愿意从公园回家的真正原因，可当时她没意识到要告诉我。通过讨论我更了解了孩子的需求，她也知道了下次要学会表达原因，这对她来说是很好的学习沟通的机会。

更重要的是，情绪讨论会慢慢形成亲子沟通的习惯，发展亲密的亲子关系。到了所谓的青少年叛逆期，孩子也会继续和你沟通，无需为他们不再理你而苦恼。

第 3 节　录制反思视频

冲突过后，录制反思视频，也是一个能促进孩子调节情绪能力发展的方法。

基本每次亲子冲突后，我都习惯性地将冲突经过记录下来，并反思。有一天我怕等晚上有空坐下来写时，会忘记关键内容和当下的感受，于是就顺手拿出手机，打开录像功能，开始快速地进行视频反思。没想到吸引了 Kiki 的注意，她很快过来，坐在我旁边。因为她的加入，我原本打算的单独反思，变成了两人的互动式反思。这看上去像是第二节提到的情绪讨论，但又不太一样。上文的情绪讨论，虽然是成人发起的，但孩子是主导，他要是不参与了，讨论就结束。而视频反思以成人为主导，孩子只是匆匆过客，有兴趣时加入，一会儿要是跑开了，成人可以继续视频。如果孩子从头到尾都没有直接参与，也没关系，只要他在场就可以，即便是在忙自己的事，他们也可能听到我们的反思。就像心理学家埃琳娜克拉夫佐娃博士说的，孩子有很长的耳朵。

下文的视频反思案例，发生在第七章第 4 节 "转换空间" 策略里的洗手冲突后，我拿出手机录反思。Kiki 过来了。

妈妈：宝贝，妈妈在录视频日记。我们刚才经历了一个好长的情绪激动的冲突。（说的时候面带微笑，轻松愉悦，好像这冲突是个好玩的事情，给孩子 "没什么大不了" 的感觉）

妈妈：哇，身心俱疲，瘫倒的感觉。（分享自己的感受）

妈妈：好，总结一下经验。爸爸刚才有一点做得很好，原则问题要坚持，温和地坚持。然后，我……再后来，我有个地方做得不太好，是哪里你知道吗？（Kiki 刚才离开了一会儿，又回来了，我就临时把单独的反思描述，改成提问她了）

Kiki：嗯。（她没有回答，但是坐下来很认真地听）

妈妈：我如果早点想到抱你出去……到外面换场景是一个非常重要的策略，宝贝你觉得呢？

Kiki：嗯。

妈妈：妈妈还用了一个什么策略呢？就是把音乐打开。以前你只要听那个小兔子的音乐，就会开心起来，可是今天这个办法没用。想象游戏的方法也没用。后来带你到外面去，外面给你很多感官刺激，比如，刚才到前院看到不同的番茄，对吧？大番茄，还看到了什么？

Kiki：小番茄。

妈妈：对，小番茄。还看到邻居在遛狗。还听到天上 "呜呜" 的什么？

Kiki：嗯，飞机。

妈妈：对。外面有很多东西可以让你转移注意。

Kiki：垃圾车！（她突然兴奋地叫着刚才看到过的另一个东西）

妈妈：对！可是这些方法只是暂时转移了你的注意，你后来又开始哭闹。那会儿妈妈用了一个什么办法？

Kiki：（她若有所思的样子）

妈妈：让你思考！（我用像是发现新大陆那样的惊喜语气说着，面带微笑）

Kiki：（微笑着对着视频点了点头，表示赞同。不知道她有没有听明白）

妈妈：那妈妈用什么办法让你思考呢？

Kiki：苹果。（她微笑着回答）

妈妈：苹果？（我没有去反对她，继续回顾）我们讨论了番茄，番茄在变颜色了，变成什么颜色了？

Kiki：紫色和橙色。

妈妈：是，后来画了紫色的番茄……

妈妈：后来你用什么办法把自己的情绪管理好了？

Kiki：（若有所思的样子）

妈妈：嗯，我们刚才出去了，你很快就开心了，对吗？那下次你要是伤心不高兴了，可以到外面去逛一圈，心情就会好了……

在这个视频反思里，我一开始跟她说了我在干什么。然后开始盘点刚才用了哪些方法帮助她调节情绪，哪些方法有用，哪些没用，为什么。

这样的视频反思，一般不超过三五分钟，是快速而简洁的记录活动。要不然会变得冗长无趣。如果这个反思的内容涉及自己在亲子冲突中做得不好的地方，比如发脾气和吼孩子之类的，成人需要避免当着孩子的面，过分自责，特别是不要流露出那种因为自责引起的愁闷情绪。只要做完第一节里的"对不起—与你无关—很爱你"就可以了。孩子不需要耳濡目染父母的自我谴责，以及由这种有害的自我评判带来的负面情绪状态，因为长此以往便可能让孩子在无意识中也变成这样的人，影响自信和幸福。更何况，会这样评判谴责自己，便可能会用同样的方法对待他人。

也许有些人认为这些对一个两周岁的孩子来说做得太早，但我觉得正是时候。就像上例中，我们一起理解和反思冲突，体验真实的生活，提升解决问题和管理情绪的意识和经验。孩子很愉悦地自主参与，成人也没有压力，还能增进亲子关系。更何况，是否为孩子的学习和发展创造环境，是我们的事，孩子能利用多少这样的环境，是他的事。很多时候，我们往往会低估低龄儿童的理解能力和发展水平。

第 4 节　孩子看到父母冲突，该怎么办？

很多父母知道，成人之间的冲突，尽量不让孩子卷入，不让他们看到父母之间的冲突，以免给他们带来不必要的紧张、担忧与压力。可是，这有时候很难实现。其实，关键不在于有无冲突，而是事后尽快跟孩子沟通，帮助他们处理情绪。

笑笑是参加我的零到三岁研究项目的两岁十个月的孩子。在一次访谈中，笑妈跟我分享了一段家庭矛盾冲突：

有一天，笑笑看到妈妈和爸爸争吵后，正在厨房洗碗的爸爸大发脾气，顺手摔破一些锅碗。在一旁玩的笑笑被吓得不敢作声，如同冰冻了的小人愣在一旁。敏感的妈妈看见了，马上过去抱起他离开，并微笑地跟他说："没事的，爸爸妈妈意见不合，吵了个架。对不起啊，吵到你了。爸爸不高兴了，在发脾气。不过，妈妈和爸爸还是跟以前一样相爱，也跟以前一样爱你。"说着亲了一下笑笑，还跟他脸贴着脸，静静地待了一会儿。笑笑刚才紧张的样子，似乎松弛了一些。特别提醒，不要借机去诋毁另一方家长。

妈妈继续说道："我们可以不高兴，也可以不完美。可是，能不能摔东西？"笑笑摇摇头。妈妈问："为什么？"笑笑没回答。妈妈说："你说锅碗被摔破了，它们会不会疼？"笑笑点点头。妈妈又说："是啊，它们可能会很疼。发脾气时不能去弄疼别人。"笑笑似懂非懂地沉默着。"要不我们帮爸爸想一想，下次如果他不高兴要发脾气了，可以怎么办呢？"妈妈提议。笑笑若有所思的样子，想了想说："枕头？"妈妈笑着点点头："哦，好主意。枕头软软的，摔了不会破不会疼。哦，我知道了，你是不是从平时打枕头仗想到的？"笑笑笑着点点头。事后爸爸跟笑笑道歉。

这个聊天的过程，即情绪讨论，不但把家庭气氛调整好了，还解除了笑笑因看见爸爸争吵和爸爸发脾气造成的心理紧张和可能的担忧等负面情绪。此外，妈妈还趁机帮助孩子了解对待负面情绪的态度，以及发脾气要注意的事项，比如，我们可以不高兴也可以发脾气，但是不能伤害他人。这为今后孩子能接纳并妥善处理负面情绪奠定基础。

其中，妈妈还说了一句也许孩子听不懂的话，"可以不完美"。为什么跟这么小的孩子说他可能听不懂的话？其实，维果斯基早就告诉过我们，孩子最好的学习内容是他努力一下能做到的东西。不完美，当下不懂，但先让他听上。慢慢地，到后来他就会问，或者不问的话，可以解释给孩子听。我在给 Kiki 阅读绘本时，就这样做，把那些新的她不知道的词汇读给她听，一开始不急于解释。等读了很多遍以后，她自己会主动问我那个单词是什么意思，然后我再解释给她听。如果她不问，我就问她，她不知道的话，我再解释给她听。这样的学习效果很好。

除此之外，这句"可以不完美"的话，向孩子传达了"允许自己不完美"的生活态度。其实这是未来孩子能获得幸福的人生哲学和智慧。我自己平时犯错误时，会刻意在 Kiki 面前用语言点出来，告诉她妈妈这件事做得不好，下次会努力改进。妈妈并不完美，可以不完美，但是学无止境。皮亚杰说，真实的生活经历有助于孩子建构知识。抓住孩子刚经历的妈妈的错误，趁热打铁，告诉她生活的哲学，孩子就容易理解，而不是空洞地说教"可以不完美"。如同上例中，孩子看到父母吵架和爸爸发脾气摔东西，这样的亲身经历，对这个年龄的孩子来说，是最好的教育契机，不要让它溜走。

笑笑妈妈做的沟通要点，包括以下方面：

- 调整好自己的情绪，心平气和地做好情绪的榜样。
- 简洁真实地告诉孩子发生了什么。并让孩子知道，这是一件平常事，我们依旧彼此相爱。以此安抚孩子的情绪。伴随拥抱和亲脸的身体接触，会更有效。简洁是不要告诉孩子他无需知道成人之间的是是非非的复杂细节。真实是不夸大、不缩小且不评判，而客观地陈述事实，这是对孩子作为独立个体的尊重。还有，千万别把孩子当作倾诉或情绪宣泄的对象！
- 抓住教育契机，用情绪词汇描述孩子看到的情绪表达，帮助孩子识得情绪，比如，不高兴和发脾气、伤心等。并让孩子了解如何处理这样的情绪。

除了上面几点外，笑妈还可以在一开始，增加一句话，变成这样："没事的，爸爸妈妈意见不合，吵了个架。对不起啊，吵到你了。放心，这跟你没关系……"这句"放心，这跟你没关系"提醒孩子无需将父母吵架的责任归咎于自己。在本章第一节已经解释过了，这可能是孩子的潜意识活动。

如果不小心在孩子面前吵架，一定要记得事后及时处理，像笑笑妈妈那样跟孩子进行情绪讨论，帮助他处理情绪。或者，用本章第一节里"对不起—与你无关—很爱你"也可以。这么处理过后，一般就不用担心了。

Chapter 9

第九章

成人情绪的自我调节

由于冲突是双方的互动，如果家长要做到很好地应对冲突，并在冲突中支持孩子的情绪调节和社会情感的发展，就离不开成人情绪的自我调节。本章讨论成人负面情绪的来源及情绪调节的实操方法。

自我情绪
调节

第 1 节　负面情绪从哪里来?

在我的家庭教育国际咨询群里，有位法国的华人家长，问我怎么样才能不跟孩子发脾气。她说跟孩子有矛盾冲突时，根本没法控制住自己的脾气而大吼大叫，发完脾气便会后悔。她经常自责，觉得自己糟糕透顶，不是一个好妈妈。

类似的"矛盾冲突—发脾气—自责"模式，在日常亲子冲突中并不罕见。我们到底为什么会情绪失控?

为什么会情绪失控?

情绪失控的原因很复杂。如果是一种常态，可能是自己从小就形成了表达负面情绪的习惯。自己的父母就是这样动不动就大吼大叫发脾气，我们耳濡目染，不知不觉中，便形成了同样的表达情绪的习惯，一不顺心就怒吼，而吼的时候也很自然，自己还没反应过来，就已经吼出去了。

情绪失控的原因也可能是自己从小到大压抑了很多负面情绪，积累了消极经验，甚至是心理创伤。而孩子的行为激活成人小时候的负面经历，导致一触即发。英国心理咨询师菲利帕·佩里也有类似的发现和解释。比如有些家长特别受不了孩子哭闹，只要听到孩子稍微有哭腔，就会怒从中来，开始凶孩子。这可能是因为家长小时候哭，不被他们的父母接纳而留下了消极情绪。孩子的哭闹激活了家长小时候这种糟糕的情绪体验引起家长出现过激反应。

曾在澳大利亚参加我的研究的一对肯尼亚夫妇跟我说，夫妻俩在与三岁孩子的冲突中，有截然相反的情绪体验。妈妈经常感到"被控制的感觉真是糟糕透顶"，爸爸却觉得没什么。为什么有这么大的差异？虽然两三岁孩子"专制"的危机特征会给人带来受控制的感觉，但是这位妈妈如此强烈的感觉，难道只由孩子引起吗？估计会有其他原因。这个原因可能很复杂，其中，也许有她小时候常受父母控制的原因，以至于童年的不快经历被孩子的行为唤醒而诱发强烈的被控制的糟糕感觉。

情绪失控还可能由家长自身的人格特征导致，比如，控制型人格或者自恋症。当然不是所有这类人格的人都容易情绪失控。

如果情绪失控不是常态，只是偶尔会怒吼，也可能是因为身体原因，比如工作太累了、睡眠不足和女性生理期等。还可能由于各种工作和社会关系带来的精神压力。

有一天帅妈没听清帅帅讲的一句话，请她重复。可重复了两次她还是没听清。于是帅帅就不高兴了，用手拍了妈妈的脸。帅妈当时本能的反应就是大吼一声，制止她。她跟我说："与其他时候不同的是，这次大吼动心了，特别地凶，我自己都吓了一跳，帅帅也被吓着了，情绪更加激动起来，大哭并往我身上'打'。"我问她为什么会这样反常地大吼。她说自己最近晚上工作很迟，睡眠严重不足，而且积累了很多工作压力。再加上生理期，情绪不稳定。

帅妈的经历，在很多家庭里十分常见。我经常听到在海外的两三岁孩子的父母跟我诉苦，他们一边工作，一边要自己带孩子，真是没那么多时间和精力耐心地对待孩子。特别是很多时候满脑子都是做不完的工作，可孩子却闹个不停，很让人崩溃。

情绪失控可能还有一种隐秘的原因，即宣泄情绪的快感。对很多成人来说，控制情绪很难受，因为人们天生爱让情绪自由流动，如婴儿般想哭就哭，想发火就发火。

笑笑的爸爸跟我说，他有时明明知道冲孩子发火不好，事后自己也会自责，但当下却什么都不顾，吼爽了再说。

我听完好奇他为什么会这样。在斯坦福大学格鲁斯教授的研究中，我找到了一种解释。他说情绪调节中，经常会出现享乐式动机与其他动机的较量。笑笑爸爸让自己的情绪任意流走不加控制的快感成了享乐式动机，它压过了不喜欢自责等其他动机，以至于潜意识里不愿去调节情绪，即，不知不觉地被宣泄情绪的舒畅感控制了。

谁是情绪的主人？

上文描述的负面情绪的各种来源中，虽然外在的人事环境会影响我们，但是我们自己是决定是否被外界影响的主人。即，"我"是自己情绪的主人，与孩子等他人无关。

当我们跟孩子说"你让我很生气"，跟配偶说"你惹怒了我"，跟父母说"我小时候你没好好待我，让我现在情绪暴躁"时，这是没将自己当作情绪的主人，界限不清。如果我们不愿生气、不要被惹怒且不要脾气暴躁，没人能让我们这样。这不容易做到，但通过练习可以达到。

格鲁斯教授提出的情感模态模型，清楚地解释了情绪的生成过程。该过程始于一个人经历的外在"情况"，这个情况被注意到后，大脑对它做出评估，并产生情绪反应（见下图）。这个过程从一个角度说明了"我"是情绪的主人。

举个例子，有一次 Kiki 趴在地上舔地板（情况），我一回头看见了（注意），脑中立即闪现出一个想法——地板这么脏，怎么可以舔（评估），于是立马急了（情绪反应）。

假设我注意到 Kiki 舔地板后，换一种对这个情况的评估，就不会产生负面情绪。

从看清"我"是情绪的主人，不去怪罪孩子或他人开始，进入本章后面几节的成人如何调节自己的情绪。

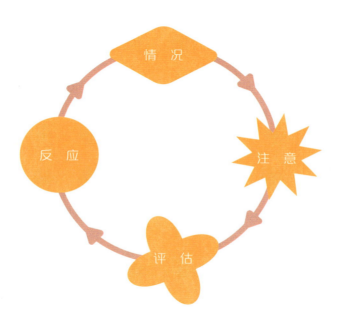

格鲁斯提出的情绪形成过程

第 2 节　前情绪调节

说起情绪调节，我们很容易去关注情绪发生后的调节。但事实上在情绪发生前，做一些预防的工作，是成人与孩子相处中，调节情绪的重要一环。

照顾自己

在漫长的育儿过程中，当父母的需求和孩子的要求出现矛盾时，是做"无我型父母"，即 365 天都无私忘我地将孩子排在自己前面，还是兼顾自我？答案其实很简单，正如前文提到过的，讲究平衡。与孩子相处，特别是两三岁的孩子，太自我不合适，没有自我也不行。太压抑自己，没照顾好自己，容易积累太多负面情绪，也容易溺爱孩子。

照顾自己，除了定期给自己安排修复的时间以避免身心过度疲劳，还可以与孩子建立规则，并一起做到。这里的规则，特指能保证有机会照顾自己的规则。比方说，很多两三岁的孩子，会"黏"一个家长。如果这个人是爸爸或妈妈，连去洗手间孩子都会跟过来，即使有另一位家长要陪玩，他也不愿意。当家长太累了需要休息时，可以建立规则，以避免太累没得到休息而导致情绪爆发。可以这么做：

- 告诉孩子"我累了，需要一个人休息十分钟"。这是给大人自己的规则：太累了需要休息。并且记得告诉孩子，让他知道你累需要休息。
- 再告诉孩子"对不起，我现在不能陪你玩了"。
- 最后是给孩子的规则："我休息的时候，不喜欢被打扰。不过有急事可以找我。""急事"一词孩子一开始可能听不懂，用具体事例解释一下就可以。

以上规则的表达，都是用第一人称描述自己，而不是告诉孩子应该怎么做。我不能陪你玩了，而不是"你自己去玩"；"我不喜欢被打扰"，而不是"别来打扰我"。这种在设定界限时用第一人称描述自己的表达，比较容易被接受，也是从小给孩子养成良好沟通习惯的方法。这个方法也适用于成人之间的沟通，特别是给别人提意见或发表自己的看法时。

选择情境

选择情境包括有意地选择那些可能使你和孩子产生积极情绪体验的情境，而避免会引起负面情绪的情况。

有一天我很累，Kiki 要去公园玩。在选择公园时，我有意避开有秋千的公园，因为 Kiki 很喜欢荡秋千，可是她还不会自己荡，要我推着她荡，很累人。人累了就容易失去耐心且态度不好，发生冲突。等我状态好的一天，再去荡秋千也不迟。

选择情境还包括直接改变环境，以此改变情境可能给情绪造成的影响。如果晚上已经很迟了，孩子困了，可是一到卧室，却发现自己不小心把一个新玩具放在卧室了，在孩子发现之前，你得赶紧把这个玩具收起来，改变情境，要不然他很容易被吸引而可能玩很久也不去睡觉，这可能会激发你的负面情绪。

本节讲了情绪起来前的调节方法，即照顾自己和选择情境。下一节讨论情绪起来后的调节方法。

第 3 节　培养情绪意识

在负面情绪升起时，能看见这个情绪，意识到它来了，这叫情绪意识。它是成功调节情绪的关键因素。可是我们的情绪意识并不是生来就有。即便是很多成人，在亲子冲突中，也可能没法在它刚起来时就意识到而进行调节。

如何培养自己的情绪意识？

第一种方法叫情绪觉察实验。就是把每次带来负面情绪的亲子冲突，看作是一次情绪觉察实验。在实验中，把自己当成一名研究员，去探究情绪。"研究员"的角色本身会提醒我们去觉察情绪。同时，它还会帮我们避免过于投入亲子冲突的剧情而使负面情绪愈演愈烈。我玩了很多次情绪觉察实验，虽然一开始时并不能马上意识到情绪，但是有意地练习多了，后来就能很快觉察到情绪来了。

在情绪觉察实验中，还可以用第二种叫"外在提示"的辅助方式，帮助自己意识到情绪。你可以请另一位家庭成员，比如孩子的爸爸或妈妈，请他在你快发火时，用语言提醒你："你是不是有情绪了？"

　　如果他忘记提醒了怎么办？可以在家里各个空间的墙上，贴上提示图片或标语。比如，发火的幽默卡通图片，以及比较能吸引人或好笑的图片和标语。比如，一张遍布怒火的脸，下面配上"愤怒，你来了？"的字样。这些提示图和标语的内容，可以根据个人喜好而定。发挥你的想象力，找好玩的。很多时候，这个图片或标语本身，就能缓解火暴情绪，不再需要其他情绪调节的方法。

愤怒，你来了？

　　除了上面两种方法外，为大家熟知的每日冥想练习，也可以间接地发展情绪意识。很多研究发现，冥想练习有助于自我意识的提高。而情绪意识，就是自我意识的一个方面。做冥想的方法有很多种，这里不展开讲了。如果没有大块时间做冥想练习，可以灵活利用零碎时间，见缝插针地进行。关键要每天坚持，即便每天五分钟，练习一段时间后也会有效果。

第 4 节　管理注意力

在亲子冲突中，成人可以通过管理自己的注意力，以达到情绪调节的目的。具体可以怎么做呢？有五个方法，包括关注亮点、转移注意、五秒法则、切换频道和专注事实。

关注亮点

如果你会因为看见孩子吃饭时弄得满桌满地脏兮兮而心情烦躁，可以尝试由原来关注脏兮兮的桌子和地面，转移到关注孩子能独立用勺子吃饭。能独立用餐是一件多么可喜可贺的事。如果看到孩子在床上上蹿下跳迟迟不肯睡觉，让你心情很糟糕，可以尝试把注意力专注在孩子愉悦的情绪上。看到孩子这么开心，难道不是一件令人欢喜的事，晚点睡又何妨。如果这么做让你感到很困难，那可能是因为你需要更多的实践练习"关注亮点"。

转移注意

7 月 19 日那天，我一大早被 Kiki 从床上拖起来，爸爸要带她去玩她也不去，要妈妈起床。我很不高兴，满脑子都是"没睡醒，难受，我要睡觉……"想着想着就想发火。这时候，我看到一些玩具小汽车，突然想起上次买的木头铁轨，可以拿出来搭马路。Kiki 很快过来一起搭。我俩一起搭完后，我生出新主意，用磁铁积木建个停车场。后来她要搭个 Costco 超市，我拿出恐龙模型，让它们去超市购物……创意的点子一个接一个，我俩一起玩得不亦乐乎。

从这个例子中不难看出，将注意力转移并投入某项活动中，是一个很有效地调节情绪的方法。看到玩具小汽车而想出搭马路的点子时，我的注意力就被转移了，接着我的脑子就被一个个创意玩法占据。当然，这是一个注意力被意外转移的例子。但是，我们完全可以有意地转移自己的注意力，也会收到同样的效果。

五秒法则

五秒法则就是从数字 5 倒数到 1，就像火箭发射时那样。这个法则来自梅尔罗宾斯，这是她事业失败且人生失意后无法起床时，用来让自己起床的方法。我把它用在日常冲突的情绪调节中。当情绪起来时，你跟自己说，有声无声皆可："5，4，3，2，1，静下来！"就这么简单。

为什么这个工具会有用呢？

它的科学解释是这样的，这种倒数激活了大脑里的前额叶皮层。该皮层中的多巴胺调节认知控制，从而影响注意力和行为的改变。

的确是这样，当我开始倒数时，我原本放在冲突本身的注意力和情绪就被打断了。换句话说，它把我从冲突的剧情中拉了出来，避免被情绪淹没而爆发。比如，当我满脑子都被"这个孩子怎么可以故意尿在地上，太讨厌了……"类似的剧情和情绪占据时，五秒法则可以将我的注意力拉到倒数上。

倒数完后，我说的"静下来"，指导着我的注意力、情绪和行为朝着"静下来"的方向走，从而调节好情绪。

五秒法则其实是一种特殊的转移注意的方法。在冲突和情绪升起的当下，关键是要记得用。新工具在情绪升起时很容易被忽略，需要有意地多实践。

切换频道

切换频道是我在实践中发现的另一种用管理注意力调节情绪的方式。如同切换电视频道，把关注自己的频道，换成关注孩子的频道。即，把原来满脑子装着的自我，替换成孩子。

当我们被自己的日程和需求占据头脑时，一旦孩子没有按照我们的计划行事，比如 8 点该睡了还在疯玩之类的，就容易引起我们的负面情绪，特别是对那些本身比较严格的成人来说。而这个时候，如果可以尝试将注意自己，切换到关注孩子，就可以调节情绪。因为当我们将注意的焦点放在孩子身上，从他们的角度出发时，就能明白孩子的每一个举动都有自己的原因，应该被理解。

还有第四章提到的权力或意志之争中，事情本身可左可右，但就是因为我说往左你不听，我就要跟你杠上，就要老子说了算。这也是关注自我的普遍例子。可以尝试切换频道，以调节情绪与冲突。

可惜当我们只关注自己的需求时，往往会忘记关注孩子。如果在实践中自己想不起来去切换频道，可以请周围的人帮忙。比如爸爸妈妈或其他家庭成员拿个遥控器提醒你一下；或者自己在墙上贴一些遥控器的图片之类的，提醒自己。

专注事实

上节提到情绪意识或察觉（emotional awareness），是调节情绪的关键之一。但是，仅仅察觉到情绪，只是第一步，并不能保证能调节好情绪。觉察到情绪后，有些人会很快升起一个念头："怎么又上火了？！不能这样！"这样如果带着自责，就会觉得自己很糟糕，使负面情绪更浓。为什么会有这样的内在冲突？该怎么办？

哲人克里希那穆提对这些问题做了解释。他认为当你完全沉浸在愤怒中，是不会有这个想法的。想法一出现，就产生了两个"我"。一个是观察者，即，看见正要发火的"我"并评判其"不应该发火"；另一个是被观察者，即正要发火的"我"。这种界分，其本质是暴力。比如我们指责和评判自己，就是暴力。暴力很折磨人，会激发更多的消极情绪。

而解决这种内在冲突与暴力最好的方式，就是仅仅专注于事实真相。这个事实，就是我们能体会到的负面情绪。这个情绪是真实存在于身体里的一股能量，是能量、能量、能量，跟开心的情绪一样，都是能量。克氏和埃克哈特·托利都称"我不应该发火"是并非真实存在的幻念。克氏还把观察者与被观察者分离的内在心理现象叫作"凌乱的意识"，在这种凌乱意识下产生的行为，往往会让事情变得更糟糕。

所以，意识到情绪后，不评判，不试图去改变，不思想，而是专注地去感受情绪能量，便可消融情绪。也即，情绪就是我，我就是情绪。

"专注事实"跟"转移注意"正好相反。它说起来容易，做到难。不过，只要多加实践，慢慢地便可以做到。如果实在做不到，先尝试做到不在孩子面前发火，可以提前离开。离开时跟孩子说，以免他以为你不要他了而产生更强烈的情绪。

附：

平时家长经常问的一个问题——如何处理关于孩子教育的焦虑情绪，也可以用同样的方法，即，专注地去感受焦虑。

第 5 节　换种方式理解和评估

成人调节情绪的另一种方法，是改变认知中的理解与评估。维果斯基认为，情绪和认知是不可分割的整体。所以，管好认知，是管理情绪的有效方法。

Kiki 两周岁那年 11 月底，我带着她回国开会。天气很冷，我们都穿棉袄，但是 Kiki 不肯穿衣服。我很担心，怕她冻坏了生病。我当时对她不肯穿衣服的理解是这样的："这孩子怎么这么拎不清！"

如果要重新理解和评估这件事，可以是这样的："她要不肯穿就随她去，也许我们成人和她对冷热的感觉不一样，小孩怕热。"或者满怀好奇心地想："她为什么不肯穿衣服？难道有什么我不知道的原因？是对新环境不适应而出现的反常反应？"这些新的理解方式，就不会引发我更多的负面情绪。

要做到换种理解和评估，平时可以多实践多元开放且灵活变通的思维方式，避免动不动就按照固有思维评判孩子，想当然地认为他们就是你想的那样。就像孩子不愿用手直接拿着橘子吃，非让你用筷子一瓣瓣穿成串吃。这可能让人觉得"费劲！这孩子真难弄"——特别是在很忙的情况下，当这个评判在心里升起时，负面情绪就会悄然而至。

KiKi 三岁时的一个周末，我们还没起床，朋友迪瓦恩太太一早打电话过来，我就和她聊上了。过了一会儿，一旁的 Kiki 找我。我问她要什么，她就是不跟我讲清楚。没一会儿又来干扰我，问她怎么了，又不说。我就开始振振有词地批评她："不说清楚，不沟通，我怎么知道你要什么，我还在接电话呢。"Kiki 大哭，很委屈的样子。

我听她的哭声似乎跟以前要关注没被满足时不太一样，于是很快意识到我可能误解她了。我想起她跟迪瓦恩太太是忘年交，经常在电话里交流。今天她这位社交达人被冷落一旁，无法表达自己，还被说成不会沟通。想到这儿我就把电话给她，她很快就高兴起来了。

孩子主体意识萌发和对社交的需求，比起物质和情感需求，更不易被觉察，容易引起我们不当的理解。当我对 Kiki 的干扰行为重新做了评估后，我的负面情绪烟消云散。去感受孩子并保持开放的思维，才能更好地理解孩子，调整好自己的情绪，促进亲子关系的发展。

通常在情绪强度低的时候，可以用换种理解的角度调节负面情绪。而当情绪强度很高时，这个方法就没什么用了，更多地适合使用上一节提到的转移注意等方法。

第6节 不要"忍"

我常常佩服那些即便被气得面红耳赤也不动口吼骂，更不动手打人摔物，"忍"字当先的人。这种试图抑制正在发生的情绪行为，在心理学上叫作**表达抑制**（expressive suppression）。不同于上节的认知改变，表达抑制主要通过调节行为而不是认知来调节情绪。这种压抑情绪表达的方法，貌似有良好的情绪控制力，但却被很多实验研究证明，它并不会减弱消极情绪的体验，反而会增加交感神经系统反应，更大程度地激活大脑中杏仁核等情绪生成区域，且有损记忆力。所以，在亲子冲突中，并不推荐使用这个方法。

不要忍，不是让情绪随意爆发，而是用其他方式，直接干预生理、经验或行为，以转化并调节已经起来的情绪。可以尝试以下五种方法。

闻美食

想象你喜欢吃的一道菜刚出锅，热气腾腾的，你凑过去闻一闻。其实闻美食，就是平时我们熟悉的深呼吸放松。我有几次深呼吸没起作用的经历。后来发现，它不灵是因为我光呼吸而不专注于呼吸器，只是机械地做呼吸这个动作，而脑子里却是冲突中令人糟心的剧情，这是不会有帮助的。深呼吸的关键是大脑的专注力下移到腹部，再下移到脚出去。可以用手按住腹部帮助自己专注。而想象美食，更能帮助我们专注。

转移阵地

即，转换空间，离开一下。离开时，告诉孩子："我需要离开一下，很快就回来。"否则突然不声不响消失了，会让孩子感到不安，增加他的负面情绪，他会哭得更厉害，以为你不要他了。同时请家里的另一个成人顶上。如果没有另外的家庭成员，可以离开到看得见孩子的空间，稍做调整，这样可以避免在孩子面前发大火。如果你没法自己离开，可以用上文提到的"外在提示"方法，实在不行也可以事先告诉家人，带孩子离开现场。

动静双法

转移阵地后，根据个人喜好，可以选择两种动静不同的方法快速调节情绪。如果负面情绪的强度较小，安静的方式便能处理。比如，做一两分钟的快速静心，闭目，把注意力放在从鼻子进出的气息上，在鼻子和上唇之间的部位感受气息的流动。或者，把手放在胸前轻轻拍打几下。这些方法通常能很快让我平静下来。

对于较强的负面情绪，可以尝试动态地释放负面情绪。当你离开冲突现场后，如果条件允许，可以找个没人的地方，快速把情绪宣泄出来。记得前文提到过笑笑的爸爸发火了会摔东西吗？他在一次跟笑笑的冲突中，用踩包装纸箱的方法，调整好情绪而没在孩子跟前爆发。他说他把纸箱踩了个稀巴烂，也就三四分钟，就平静下来了。

动态释放情绪的原则是"不伤害他人和自己"。比如不把负面情绪倒在任何人身上，没有人有责任和义务被我们作为情绪宣泄的工具——包括你最亲爱的另一半、孩子与父母。如果想摔东西，可以找个沙包、枕头或者球代替。如果想大吼，那就吼吧，只要不对着人吼，也不会被人听到就可以。迁怒，需要我们特别注意，因为很多时候，它会无意识地发生，在不知不觉中就去祸害他人了。所以，不直接排放出去的负面情绪或能量，其实很危险。

路易斯海的书里把它叫作"身体释放"（physical releasing）。她认为情绪会积郁在身体里，有时需要我们用身体释放的方式，将它赶出去。虽然她没将这个方法用在亲子冲突当下来调节情绪，但可以在日常各种情况下长期使用。其实有些亲子冲突本身并不会引发我们很大的情绪，但是因为有不知道从何而来的负面情绪隐藏在身体里，就会让我们过度爆发，同时误以为是与孩子的冲突让自己如此恼火，这个时候就很需要做身体释放或者说动态释放。

调整期待

当你期待孩子晚上 8 点上床睡觉，而他到 9 点还不睡时，你可能就会为此起情绪。情绪起来的当下及时调整自己对孩子的期待，可以调节负面情绪。当然，这里不包括那些不能调整的期待。

情绪表

还有一种制作情绪表的方法。你可以根据自己发脾气的频度，设计一张以每日、每周或每月为单位的情绪表（参见以下周情绪记录表和月情绪记录表），用来记录一天、一周或一月中自己发脾气的次数和强度。喜欢画画的家长，可以用绘画的方式记录情绪的强弱，也可以简单地打勾。你可以根据自己的喜好设计情绪表并做记录。这个表格可以是打印出来纸质的，也可以是手机上的电子版。

	周一	周二	周三	周四	周五	周六	周日
1 次	强	轻					
2 次	强	中					
3 次							
4 次							

月情绪记录表

6 月

周一	周二	周三	周四	周五	周六	周日
	1 √	2	3	4	5	6
7	8	9	10	11	12	13
14	15	16	17	18	19	20
21	22	23	24 √	25	26	27
28	29	30				

　　情绪记录表就像一个工具，提醒你去调节情绪。好比定闹钟叫醒起床，这张表格会提醒你去调节情绪，仿佛在告诉你："嘿，该调节情绪了。"有一次睡前冲突，笑笑的爸爸正要冒火时，突然想起早上刚打印出来的情绪记录表，于是就没有发火，而是好好地跟笑笑说。

　　有了情绪记录表后，可以给自己设定一个目标。近期的一些脑科学研究发现，设定目标本身，可以无形中促使人脑朝着目标去努力。比如说，本月最多能发火三次。

　　记录可以在情绪起来的当下或者事后做。当一周或一月的统计结果出来后，无论是否达标，这量化的结果可能会激发人继续实践调节情绪的热情。练习调节情绪意味着有机会与情绪共处，实践多了，共处的能力就强了，发脾气的次数也会随之减少。

　　此法也可用于年龄稍大、脾气较大的孩子。问他："你想做臭脾气的老板，还是让它做你的老板？谁是老板？"记录并观察之。

第 7 节　仍无法调节情绪，怎么办？

如果尝试了上文的方法后，依旧经常在孩子面前发脾气，这意味着可能需要做冲突当下调整之外的长期调整，以下分享几种方法。

定期排毒

享有"心理学界的爱因斯坦"美誉的威尔伯建议我们在平时注意"清理阴影材料"。阴影材料是在过往的成长历程中，无意识压抑的负面情绪和体验。怎么知道自己是否需要清理阴影材料呢？如果亲子冲突引起你特别强烈的情绪，或者是过激的反应，这就意味着你可能有功课要做。负面情绪是内在功课的切入口，从它开始处理深处的阴影材料。感恩负面情绪给人带来内在功课的信号。当自己调整好了，与孩子的互动才会更健康。

如何清理阴影材料？

可以尝试定期排毒。定期排毒的关键是"定期"，比如每周安排一个固定的时间，去处理情绪。至于怎么处理，方法因人而异，选择自己喜欢和方便的去做。比如前文提到过的运动、身体释放、拳击、去高山之巅独自狂吼。

既然要清理阴影材料，就说明之前已经有了积累。所以，还有一个"排毒"的方法，就是提前预防，尽量避免积累或压抑负面情绪。我的一个心理医生朋友跟我分享，她说自己现在变得越来越不会发火了，因为越来越自我了。自我不是自私自利或自我中心，更不是利他的反面，而是对自己好，真实地去尊重自己的想法和需求，在不妨害他人且没必要的情况下，不去压抑自己，或委曲求全。要不然会无意中积累负面情绪。等积累到一定程度，就会经常发火，如同水满了会溢出来。将这个道理应用在亲子冲突中，就是前文提到过的，在满足孩子需求的同时，别忘了自己。虽然面对特殊时期的两三岁孩子时，要力所能及地做出适当的妥协，但是如果实在做不到，也可以直接拒绝。比如，明明不愿意陪孩子洗手，但是勉强自己去陪，同时又会抱怨一声"这么大了还要陪"。这明显有情绪，如果拒绝，就不会这样了。当我们"自我"时，不但可以减少负面情绪，还可以给孩子示范"爱自己"的榜样，今后我们的孩子也会爱自己，不会轻易让自己过得太压抑而动不动火山爆发。

留　白

整天被繁忙的工作和日常琐事塞满的日子，如同拥挤的街头，令人喘不过气来。纯粹地独处，似乎成了莫大的奢侈。如果说生活是一幅写意国画，独处便是画里的留白，让人连接心灵和呼吸，走进负面情绪。

我喜欢夜深人静的时候，坐在灯下写日记，这是我的留白。我有几种日记，其中的《宝宝日记》，经常是反思型的。比如我会把当天的亲子互动或冲突经过记录下来，并写下当时的所感所想。再想想自己为什么会那样想，为什么会有那样的情绪体验。最后用清单列出今后可以怎么做。

我发现这种日记可以帮助我理解并处理负面情绪，也增进了对孩子的理解。在冲突中没有想明白的，趁这个时候想明白，当时没好好体验的情绪，用想象重新进入情境，继续体验一下当时的负面情绪，跟它一起待一会儿（即是处理情绪）。当然，不是每个人都对写日记和反思感兴趣。特别是有多个孩子的家庭，要"留白"还不如补觉。选择适合自己的就可以。

专业支持

如果没法自己做长期的情绪调整，可以寻求专业支持，比如心理医生和中医。这对自己、孩子、家人都好。

我发现很多人对看心理医生带有偏见，似乎"看心理医生"的潜台词是"你有精神病"。其实看心理医生跟你感冒了去看中西医，是一回事。我有个朋友跟我说，她的一个朋友经常找她倾诉生活的一地鸡毛，倒给她很多负面情绪，让她感到很有压力。我们心情烦闷时当然可以跟亲朋好友倾诉，但这是有度的，偶尔几次没问题，长期将负面情绪倒给别人——包括配偶，这不合适。因为对方没有经过专业训练，可能无法消化你倒给他的情绪——而像我的朋友那样感到很有压力，而且没法给你专业的指导。

如果你由于种种原因尚未开始照看自己的情绪，从现在开始也不迟。各种日常冲突，就是很好的练习机会。爱孩子，也要爱自己。处理好自己的情绪，让自己更幸福，便能更好地应对冲突，与孩子和谐相处，支持他们的发展。下一章将讨论如何利用冲突，促进孩子发展终身受益的性格品质。

第十章

利用冲突，
发展终身受益的性格品质

第 1 节　借冲突发展三类性格品质

换种思路看冲突

我们似乎本能地就不喜欢冲突，因为它给人不舒服的感觉。于是，无论是否能做到，都希望避免日常生活中与孩子的冲突。过多或过于频繁的冲突，以及不必要的冲突，的确需要避免。然而，如果要避免所有的冲突，不现实也没必要。维果斯基认为，冲突是孩子学习进步的源泉。所以，我们可以换种思路，从排斥到接纳冲突，并将它变成孩子学习和发展的机会，特别是发展终身受益的能力和性格品质，包括本章要谈到的社会情感发展、执行功能（executive functions）和自主性。

社会情感发展

社会情感发展包括孩子在识别和理解情感、表达和管理情感以及与他人建立正向的社会关系的能力发展。而良好的情绪理解、表达和调节能力，直接影响社会能力的发展。哈佛大学有一项长达七十五年的关于幸福的追踪研究发现，幸福的共同特点，不是财富、名望或更加努力工作，而是良好的人际关系，它让人更加快乐和健康。成人能否建立良好的人际关系，离不开婴幼儿期社会情感的发展。此外，脑科学研究证明了社会情感和认知的发展是不可分割的，早期社会情感的发展，能促进孩子未来学业的成功。

拥抱冲突，一起跳舞

执行功能

经常有幼儿园和小学的家长，跟我诉苦："我的孩子在学校注意力不集中，不听老师的指令，这是怎么回事？"

如果你的孩子长期稳定地难以集中注意力、遵循指示、遵守规则，过于情绪化且无法管理情绪，过于专注于某事物难以将注意力切换到另一个事物或任务，学习效率低下等，很可能是他的执行功能出了问题。

执行功能是指参与有目标导向的控制注意力、思想、情感和行为的神经认知技能。它包括工作记忆（比如，能记住活动的目标）、抑制控制（比如，可以延缓回应而不是突然暴怒）和灵活认知（比如，能想到别的新方法或转移注意）。

儿童早期是执行功能飞速发展的时期。两岁时执行功能的发展，与孩子未来的逻辑思维发展、学术技能和社会关系有关。比如穆德勒等人的追踪研究发现，孩子两岁时执行功能的发展，预示着五岁时数学和读写能力的发展。执行功能的发展会一直持续到成年，大概二十五岁左右。

父母对零到三岁孩子执行功能的发展，可以做什么呢？除了提供充足的物质资源、保证健康饮食和足够的营养、合理的作息时间、减少压力和高质量的亲子互动外，要利用日常亲子冲突，促进执行功能的发展。

自主性

自主性是两三岁儿童性格发展的关键。它指的是一个人思想和行为的独立性。在每日亲子互动中，可以理解成孩子那种"我做到了"的成功感。

在日常生活中，我们可以怎么做，才能利用冲突，支持孩子社会情感、执行功能和自主性的发展？本章接下来的几节，每节分享一个方法。

第 2 节　多样但不太消极的情绪表达

前文已经讨论过，成人频繁且强烈的诸如怒吼等负面情绪的表达，会导致孩子不良社会情感能力的发展。然而，这并不意味着不能表达情绪。研究表明，在孩子面前表达情绪，关键是要多样化但不能太消极。成人丰富但不太消极的情绪表达，可以帮助孩子了解各种情绪，并给他们示范怎样合适地表达情绪，以此促进孩子情绪理解和表达等社会情感能力的发展。

如果在亲子冲突中，你感到自己快失去耐心了，可以跟孩子说："我快失去耐心了，需要离开一下。"如果你感到很不高兴甚至是强烈的愤怒，可以跟孩子说："我感到很不高兴，需要去处理一下情绪。"说的时候，自然地流露一些"拉着脸皱着眉"之类的表情，没关系，这反而可以让孩子学习体会不高兴这种情感的样子。当然，如果强度很大地表达，就会太消极而不合适。如果遇到孩子上演危机特征，这个不行、那个不要地"无理取闹"时，可以跟孩子说："我感到有些受挫和沮丧。"

记得有一次，Kiki 因为不愿意洗手，我感到精疲力竭。于是我就跟她说："你哭哭停停很长时间了，觉得累吗？妈妈感到很累了，也有些压力，就是那种有些胸闷的感觉。还有一些挫败感，就像你上次搭积木，有一块积木老是掉下来的那种感觉。"Kiki 睁着眼睛看着我的表情。我不知道她在

想些什么，也不期待她听明白。但是我知道她在听、在看，就足够了。这样的情绪表达和描述多了，她慢慢就会理解不同的情绪了。

特别提醒，无论如何表达你的负面情绪，都不要让孩子觉得这是他的错。

我见过有些家长用自己的情绪作为筹码，让孩子听话，像口头禅一样地跟他们说："你再不乖，妈妈就不高兴了。"这种用情绪威胁孩子的表达，是控制，需要避免。

还有小部分家长，会把孩子当作倾诉的对象，试图从孩子那里寻求安慰。比如："爸爸跟妈妈吵架了，心情不好，很伤心……"这样表达情感本身貌似没有问题，但是动机不纯，亲子位置关系混乱，不可取。

由于我平时会有意地与 Kiki 表达各种不太消极的情绪体验，她后来会主动问我不同的情绪，比如："妈妈，什么是沮丧？"一般都是她主动问我的时候，我才会给她解释。我会把这种情绪演给她看，她会觉得很好玩。或者邀请她一起，演一个亲子互动的情境，帮助她理解。这些日常实践，帮助她认识了很多情绪。

成人可以在孩子面前表达各种不太消极的情绪，帮助孩子发展社会情感能力。但总体来说，以表达多种正面情绪为主，以此保持积极正向的家庭环境。

第 3 节　与孩子讨论成人的情绪

第八章提到过的情绪讨论，主要是讨论孩子的情绪。而这节要谈的是成人跟孩子讨论自己的情绪体验（讨论，不是倾诉）。这么做的目的，一来是为孩子提供识别和了解他人情绪的机会，从而学习情绪，比如从面部表情观察别人的情绪。二来，当我们用轻松愉悦的方式对待亲子冲突中的负面情绪时，会给孩子示范如何积极对待负面情绪。这种态度有助于提高情绪调节能力。等孩子大些后，会将这种对负面情绪的态度，用在同伴关系等其他社会关系中，而有益于建立和谐的社会关系。三来，这有助于亲子关系变得更加亲密。

我在冲突后一般会反思自己的情绪表达和调节，也会和 Kiki 或她的爸爸讨论分享自己的情绪。下面是 Kiki 两岁零十个月时一次冲突后的情绪讨论记录。

妈妈：刚才妈妈有没有生气啊？

Kiki：生气了。

妈妈：你怎么知道妈妈生气了？

Kiki：从你的脸上。

妈妈：对，妈妈刚才生气了。那你知道妈妈是怎么管住自己不骂人的吗？

Kiki：（摇摇头）

妈妈：（拿出拳击球）妈妈用这个拳击球，让"生气"从我身体里出去了。这样我就不生气了，管好了自己。

　　这个情绪讨论是在轻松愉悦的氛围中进行的。其中，我命名了自己的情绪"生气"，并分享了调节情绪的方法。这样的分享，能帮助 Kiki 认识我的情绪并了解调节情绪的方法。几次类似的经历后，有一次我在冲突中表情严肃，不高兴了。Kiki 居然在第一时间提醒我去"打拳击"。可见她对别人情绪的敏感，并且知道该怎么调节。理解他人和自己的情绪，是儿童早期社会情感发展中的重要部分。

　　我发现，讨论我的情绪比讨论她的情绪，更容易，因为她有时候不喜欢我命名她的情绪。

　　Kiki 三岁多的时候，已经会用很多词汇跟我沟通自己的情绪了，比如："妈妈，我感到无聊了。"还有些时候，如果我不高兴了，她会问我："妈妈，你生气了？"她还会自己用一些方法调节情绪，表现出很好的情绪沟通等社会情感能力。

第 4 节　接纳的情绪回应

在冲突中回应孩子的情绪时，接纳他们表达的一切情绪，不但对孩子的情绪表达、理解和调节三方面的情感能力有积极的影响，还会起到榜样的作用，促进他们执行功能的发展。

接纳的情绪回应，不是第五章里的起反应型回应，而是第七章里静静地陪孩子和情绪在一起，或是用语言表达对孩子情绪的认可。它貌似众所周知，却不易做到。因为在冲突中，面对孩子的负面情绪和不理想行为，成人往往会本能地不接纳，难以冲出惯常的责备、教导和抵触的回应。需要不停地自我提醒和有意实践才能慢慢做到。从不起情绪到闭嘴，再到接纳，需要一个过程。

理解才容易接纳

理解孩子，是接纳孩子负面情绪很关键的一点。也就是说，像第九章里提到的切换频道那样，放下执念，用心去感受孩子。

1月的一天，Kiki执意要去干河公园玩，我一开始拒绝了她，并解释了为什么。她趴在地上大哭。我听得有些心情烦躁。一旁的爸爸提醒我："你之前没跟她好好商量，就决定了不让她去那个公园玩。你知道她不喜欢被别人支配，所以不高兴闹一闹，也可以理解。"

他这么一说，我突然意识到自己没有用心去感受理解她，因此不知不觉中也没有接纳她的哭闹。随着认识的改变，我不再烦躁，我走到Kiki身边，蹲下来跟她说："爸爸说得对，妈妈现在理解你的感受了。对不起，妈妈刚才没有理解你！"说着张开双臂要拥抱她。她很快平静下来，投入我的怀抱。冲突就这样结束了。理解了，就容易接纳。

接纳负面情绪，制止不当行为

接纳孩子的负面情绪时，如果孩子出现具有破坏性和不安全等不当行为，需要马上制止。

晚饭后，陆陆告诉爸爸，他要水彩笔。爸爸没听清，陆陆重复了两次，爸爸还是不知道他要什么。于是陆陆就开始发脾气了，大哭，大叫，用手打爸爸，还摔东西。爸爸制止了他，并平静坚定地告诉他："不可以打人摔东西！"

在这个例子里，爸爸平静的情绪回应，就是对陆陆情绪的接纳。同时，他清楚地告诉陆陆打人摔东西的行为需要禁止。如果孩子继续哭闹，有些家长就可能拿出行为主义的方式惩罚孩子，比如"明天整天不能看动画片"。孩子一听往往会情绪更加激动。所以，类似的情况下，只要用第七章的共情陪伴就可以了。这种接纳方式容易实践。

第 5 节 "我做到了"：跳一跳，够得着

自主性是两三岁儿童性格发展的重点。在日常冲突中，可以用"跳一跳，够得着"的方法，为孩子提供体验"我做到了"的成功感，促进自主性的发展。

"跳一跳，够得着"基于维果斯基著名的最近发展区理论，指的是成人有意识地把挑战留给孩子。这个挑战不大不小，稍微努力一下就能战胜，即，跳一跳，就能够得着。接着，在孩子有需要的情况下，成人提供不多不少的帮助。

这两个"不大不小"和"不多不少"很关键。挑战太大和帮助太少，会让孩子太受挫做不到而无法体验成功感。挑战太小和帮助太多，会让他们觉得太容易做到而没什么成功感，无益于自主性的发展。

Kiki 在爸爸办公室看到一台旧笔记本电脑，想打开玩。可是打不开，因为电脑上有个弹簧扣子扣住了，打开时需要边压边推。爸爸正要习惯性地伸手给她打开电脑时，却突然把手缩了回来（事后他告诉我是因为突然想到要给孩子创造挑战的机会）。他开始请 Kiki 观察弹簧扣子是怎么把电脑扣住的，并鼓励她不断尝试打开。Kiki 努力了好多回，终于打开了。她兴高采烈地跟我说："妈妈，你看，我会开这个了！"

上例中 Kiki 遇到了想开电脑却打不开的冲突，爸爸一改平时孩子一求

助就立马帮她搞定的习惯，给了Kiki尝试打开电脑的机会，同时用观察探索和鼓励的方法，给她提供了支持。打开弹簧扣所需的双手的协调和力度，对三岁的孩子来说很有挑战。Kiki通过"跳一跳"的努力，尝试了很多次，终于战胜了挑战，解决了问题。

在第七章提到过的"小熊软糖"的经历中，Kiki吃不到糖开始哭闹时，我觉得这是一个她"跳一跳"就能"够得着"的挑战机会。给她提供了"提供替代"和"回忆成功体验"的帮助后，我就安静地陪着她，把体验和调节情绪的机会留给她自己。过不多久，她调节好了情绪，吃到了糖果，兴奋地说"我做到了"，还跑上楼，神采飞扬地跟爸爸分享这件事。

孩子就这样在体验"跳一跳，够得着"中，慢慢发展自主性、自我效能感和自信心。而自主性的发展，又能促进执行功能的发展。不仅如此，在冲突中成人和孩子之间一来一往地商讨，也是在示范和练习沟通并解决冲突的社会技能。

第6节 其他自主性发展的方法

下面总结另一些支持自主性发展的方法，其中有些方法已经在前文提到过。

● **信任孩子：** 相信孩子是独立的主观能动的个体，并且让孩子知道你对他的信任。可以告诉孩子"我知道你能行"之类的。

● **允许孩子探索自己的能力极限。**

● **提供决策机会：** 提供做决策的机会，请孩子给自己的事做决定，还可以请孩子参与家庭一些事务的决策，讨论新的办法，解决问题。比如，看到朋友家的孩子去学芭蕾了，家长赶紧自作主张给孩子报了名，后来发现孩子根本不感兴趣而引发矛盾冲突。其实这个决定应该留给孩子。在帮助孩子理解什么是芭蕾课的基础上，比如，带他去看看别的孩子跳芭蕾，或者看个芭蕾舞的视频，看看孩子喜不喜欢，再问他要不要去学。如果孩子说要就去，不要就不去。从小让孩子为自己的事情做决策。还可以让孩子自己决定穿什么，自己取放衣物等。这都是培养自主性的契机。

● **不做控制型和"随随调"的家长**：控制型家长，是孩子自主性发展的天敌。很多控制型家长，并不知道自己很控制。他们经常对孩子指手画脚，给孩子安排好一切，有意无意中剥夺了孩子自主性发展的机会。等孩子长到一定年龄，才发现他们并不独立，于是开始抱怨"你怎么这么没用"。

"随随调"的家长，指的是性格本身十分随和宽容且通常会顺着孩子的老好人式的家长。这样的家长，不正好是当下很推崇的那种能给孩子自由的好家长吗？不一定。他们中的很多人，经常会在不经意间顺了孩子去包办了。在包办中，剥夺了孩子通过自己努力解决问题的机会，以及发展自主性的机会。

● **不批评指责失败，而支持鼓励与帮助**：在上节"打开旧电脑"的例子中，Kiki 失败了几次，可是爸爸不但没有指责她，反而很有耐心地不停鼓励她继续尝试，直到成功为止。如果孩子尝试了很多次还没有成功，成人需要提供适当的支持，避免不断失败的体验，保护孩子的自尊心。正如斯坦福大学格鲁斯教授说的，我们的目标必须是让孩子"自我控制而不丧失自尊"。

此外，第四章的赋能五法，都有助于自主性的发展。

结 语

写完本书，却觉未完。

虽说"抓狂"，却能让成人和孩子在冲突中共同成长，只要用心！

虽名《抓狂两三岁》，却不限于两三岁。其中的很多内容，适用于其他年龄段的孩子，乃至成人。

虽讲冲突，实为关注儿童发展和亲子关系。

虽谈现在，却关注未来。从现在开始，为孩子奠定一生的幸福基础。

虽给策略，更强调爱是核心。有爱，做不到书里讲的也没关系。

感恩你的阅读，希望你有收获。如果你有问题，欢迎联系我。

微博：https://weibo.com/chenfeiyan2022

邮箱：fchen2022@hotmail.com

网站：http://www.chenfy.vip

参考资料

1.陈鹤琴.家庭教育.上海：华东师范大学出版社，2013.

2.Are, F., & Shaffer, A. (2016). Family emotion expressiveness mediates the relations between maternal emotion regulation and child emotion regulation. *Child Psychiatry & Human Development*, 47(5), 708-715.

3.Bandura, A., Freeman, W. H., & Lightsey, R. (1999). Self-efficacy: The exercise of control.

4.Buss, D. M. (1981). Predicting parent–child interactions from children's activity level. *Developmental Psychology*, 17(1), 59.

5.Brooks-Gunn J, Lewis M. The development of early visual self-recognition. *Dev Review.* 1984;4(3):215-239. doi:10.1016/S0273-2297(84)80006-4.

6.Chen, F. (2020). Co-development of emotion regulation: shifting from self-focused to child-focused perezhivanie in everyday parent-toddler dramatic collisions. *Early Child Development and Care*, 1-14.

7.David-Vilker, R. J. (2000). *The contribution of emotion socialization and attachment to adult emotion organization and regulation* (Doctoral dissertation, Long Island University, The Brooklyn Center).

8.Denham, S.A., Bassett, H.H. and Wyatt, T. (2014), "The socialization of emotional competence", in Grusec, J. and Hastings, P. (Eds), *The Handbook of Socialization: Theory and research* (2nd ed., pp. 590-613). Guilford Press, New York.

9.Denham, S. A., Bassett, H. H., Zinsser, K., & Wyatt, T. M. (2014). How preschoolers' social–emotional learning predicts their early school success: Developing theory-promoting, competency-based assessments. *Infant and Child Development*, 23(4), 426-454.

10.Demaree, H. A., Robinson, J. L., Pu, J., & Allen, J. J. (2006). Strategies actually employed during response-focused emotion regulation research: Affective and physiological consequences. *Cognition and Emotion*, 20(8), 1248-1260.

11.Erikson, E. (1963). *Childhood and society.* New York: Norton.

12.Eisenberg, N., Spinrad, T. L., & Eggum, N. D. (2010). Emotion-related self-regulation and its relation to children's malad- justment. Annual Review of Clinical Psychology, 6, 495-525. doi:10.1146/annurev.clinpsy.121208.131208.

13.Fabes, R. A., Eisenberg, N., & Bernzweig, J. (1990). The coping with children's negative emotions scale: Description and scoring (Unpublished scale, Department of Family Resources and Human Development). Arizona State University.

14.Fabes, R. A., Leonard, S. A., Kupanoff, K., & Martin, C. L. (2001). Parental coping with children's negative emotions: Relations with children's emotional and social responding. *Child development*, 72(3), 907-920.

15.Graziano, P. A., Calkins, S. D., & Keane, S. P. (2011). Sustained attention development during the toddlerhood to preschool period: Associations with toddlers' emotion regulation strategies and maternal behaviour. *Infant and child development*, 20(6), 389-408.

16.Goldin, P. R., McRae, K., Ramel, W., & Gross, J. J. (2008). The neural bases of emotion regulation: reappraisal and suppression of negative emotion. *Biological psychiatry*, 63(6), 577-586.

17.Gottman, J. M., Katz, L. F., & Hooven, C. (1996). Parental meta-emotion philosophy and the emotional life of families: theoretical models and preliminary data. Journal of Family Psychology, 10, 243-268.

18.Gottman, J. M., Katz, L. F., & Hooven, C. (1997). Meta-emotion: How families communicate emotionally. Mahwah, NJ: Lawrence Erlbaum Associates.

19.Gross, J. J. (1998). The emerging field of emo-tion regulation: An integrative review. *Review of General Psychology, 2*, 271-299.

20.Gross, J. J. (2014). *Emotion regulation: Conceptual and empirical foundations*. In J. J. Gross (Ed.), *Handbook of emotion regulation* (pp. 3-20). The Guilford Press.

21.Goldin, P. R., McRae, K., Ramel, W., & Gross, J. J. (2008). The neural bases of emotion regulation: reappraisal and suppression of negative emotion. *Biological psychiatry*, 63(6), 577-586.

22.Gross, J. T., & Cassidy, J. (2019). Expressive suppression of negative emotions in children and adolescents: Theory, data, and a guide for future research. *Developmental psychology*, 55(9), 1938.

23.Hay, L. (2013). *The Essential Louise Hay Collection*. Hay House, Inc.

24.Huang, K. Y., Teti, D. M., Caughy, M. O. B., Feldstein, S., & Genevro, J. (2007). Mother-child conflict interaction in the toddler years: Behavior patterns and correlates. *Journal of Child and Family Studies*, 16(2), 219-241.

25.Johns, M., Inzlicht, M., & Schmader, T. (2008). Stereotype threat and executive resource depletion: examining the influence of emotion regulation.

Journal of Experimental Psychology: General, 137(4), 691.

26.Klimes-Dougan, B., & Kopp, C. B. (1999). Children's conflict tactics with mothers: A longitudinal investigation of the toddler and preschool years. *Merrill-Palmer Quarterly (1982-)*, 226-241。

27.Kohn, A. (2006). *Beyond discipline: From compliance to community*. ASCD.

28.Laible, D., Panfile, T., & Makariev, D. (2008). The quality and frequency of mother–toddler conflict: Links with attachment and temperament. *Child Development*, 79(2), 426-443.

29.Laible, D. J., & Thompson, R. A. (2002). Mother–child conflict in the toddler years: Lessons in emotion, morality, and relationships. *Child development*, 73(4), 1187-1203.

30.Luebbe, A. M., Kiel, E. J., & Buss, K. A. (2011). Toddlers' context-varying emotions, maternal responses to emotions, and internalizing behaviors. *Emotion*, 11(3), 697.

31.Ni, P. C. P. (1999). *How to Communicate Effectively and Handle Difficult People*. NJ: Pearson Custom Publishing.

32.Ornaghi, V., Pepe, A., Agliati, A., & Grazzani, I. (2019). The contribution of emotion knowledge, language ability, and maternal emotion socialization style to explaining toddlers' emotion regulation. *Social Development*, 28(3), 581-598.

33.Perry, P. (2019). *The Book You Wish Your Parents Had Read (and Your Children Will Be Glad That You Did)*. Penguin UK.

34.Piaget, J. (1932). The moral judgment of the child. London, UK: Kegan Paul.

35.Pink, D. H. (2011). *Drive: The surprising truth about what motivates us*. Penguin.

36.Quentin, O. M. (2001). Neuharth, D. If You Had Controlling Parents .

Canadian Journal of Counselling and Psychotherapy, 35(3).

37.Ramsden, S. R., & Hubbard, J. A. (2002). Family expressiveness and parental emotion coaching: Their role in children's emotion regulation and aggression. *Journal of abnormal child psychology*, 30(6), 657-667.

38.Robbins, M. (2017). *The 5 second rule: Transform your life, work, and confidence with everyday courage*. Simon and Schuster.

39.Rochat, P. Five levels of self-awareness as they unfold early in life. *Consciousness and Cognition*. 2003;12(4):717-731. doi:10.1016/S1053-8100(03)00081-3.

40.Samson, A. C., Huber, O., & Gross, J. J. (2012). Emotion regulation in Asperger's syndrome and high-functioning autism. *Emotion*, 12(4), 659.

41.Sheppes, G., Scheibe, S., Suri, G., & Gross, J. J. (2011). Emotion-regulation choice. *Psychological science*, 22(11), 1391-1396.

42.Schwartz, D., Dodge, K. A., Pettit, G. S., & Bates, J. E. (1997). The early socialization of aggressive victims of bullying. *Child development*, 68(4), 665-675.

43.Siegel, D. J. (2010). *Mindsight: The new science of personal transformation*. Bantam.

44.Siegel, D. J., & Hartzell, M. (2013). *Parenting from the inside out: How a deeper self-understanding can help you raise children who thrive*. Penguin.

45.Stansbury, K., & Sigman, M. (2000). Responses of preschoolers in two frustrating episodes: Emergence of complex strategies for emotion regulation. *The Journal of Genetic Psychology*, 161(2), 182-202.

46.Sullivan, H. S. (1953). The interpersonal theory of psychology. New York: Norton.

47.Thiruchselvam, R., Hajcak, G., & Gross, J. J. (2012). Looking inward: Shifting attention within working memory representations alters emotional responses. *Psychological Science*, 23(12), 1461-1466.

48. Vygotsky, L. S. (1994). The problem of environment. In R. V. D. Veer & J. Valsiner (Eds.), *The Vygotsky reader* (pp. 338-354). Oxford: Blackwell.

49. Vygotsky, L. S. (1997). *The collected works of L. S. Vygotsky: The history of the development of higher mental functions* (R. W. Rieber Ed., M. J. Hall, Trans., Vol. 4). New York: Plenum Press. (Original work published 1931).

50. Vygotsky, L. S. (1998). *The collected works of L. S. Vygotsky: Child psychology* (M. J. Hall, Trans. R. W. Rieber Ed. Vol. 5). New York and London: Plenum Press. (Original work published 1934).

51. Wagner, T., & Dintersmith, T. (2015). *Most likely to succeed: Preparing our kids for the innovation era*. Simon and Schuster.

52. Winnicott, D. W. (1991). *Playing and reality*. Psychology Press.

53. Zimmermann, L. K., & Stansbury, K. (2003). The influence of temperamental reactivity and situational context on the emotion-regulatory abilities of 3-year-old children. *The Journal of genetic psychology*, 164(4), 389-409.

图书在版编目（CIP）数据

抓狂两三岁 / 陈妃燕著. -- 北京：作家出版社，2022.1（2024.9 重印）

ISBN 978-7-5212-1696-7

Ⅰ.①抓… Ⅱ.①陈… Ⅲ.①家庭教育 - 通俗读物 Ⅳ.①G78-49

中国版本图书馆 CIP 数据核字（2021）第 262695 号

抓狂两三岁

作　　者：陈妃燕
责任编辑：郑建华　李　雯
装帧设计：孙惟静
出版发行：作家出版社有限公司
社　　址：北京农展馆南里 10 号　　　邮　编：100125
电话传真：86-10-65067186（发行中心及邮购部）
　　　　　86-10-65004079（总编室）
E-mail:zuojia@zuojia.net.cn
http://www.zuojiachubanshe.com
印　　刷：唐山嘉德印刷有限公司
成品尺寸：165×240
字　　数：202 千
印　　张：14.5
印　　数：15001-20000
版　　次：2022 年 1 月第 1 版
印　　次：2024 年 9 月第 3 次印刷
ISBN 978-7-5212-1696-7
定　　价：58.00 元
